A FORÇA DO SENTIDO

Coleção ELOS

Equipe de realização:
Coordenação textual Luiz Henrique Soares e Elen Durando
Preparação Ana Carolina Salinas
Revisão Gessé Marques Jr.
Capa e diagramação Sergio Kon
Produção Ricardo W. Neves e Sergio Kon.

SERGIO MICELI

A FORÇA
DO SENTIDO

APRESENTAÇÃO:
SÉRGIO EDUARDO SAMPAIO SILVA

PERSPECTIVA

© Editora Perspectiva, 2022.

cip-Brasil. Catalogação na Publicação
Sindicato Nacional dos Editores de Livros, rj

M568f
Miceli, Sergio
　A força do sentido / Sergio Miceli ; apresentação Sérgio Eduardo Sampaio Silva. - 1. ed. - São Paulo : Perspectiva, 2022.
　96 p. ; 18 cm. (Elos ; 66)

　isbn 978-65-5505-128-5
　1. Bourdieu, Pierre, 1930-2002. 2. Antropologia simbólica. 3. Cultura. 4. Sociologia do conhecimento. i. Silva, Sérgio Eduardo Sampaio. ii. Título. iii. Série.

22-80837　　　　　　　　　cdd: 306.42
　　　　　　　　　　　　　 cdu: 316:001

Meri Gleice Rodrigues de Souza - Bibliotecária - crb-7/6439
28/10/2022　　03/11/2022

Direitos reservados em língua portuguesa à

editora perspectiva ltda.

Al. Santos, 1909 cj. 22
01419-100 São Paulo sp Brasil
Tel.: (11) 3885-8388
www.editoraperspectiva.com.br
2022

À memória de Marialice M. Foracchi.

*Na discussão entre Roma e Bizâncio
sobre a procissão do Espírito Santo, seria ridículo
buscar na estrutura da Europa Oriental a
afirmação de que o Espírito Santo decorre apenas
do Pai, e na do Ocidente a afirmação de que ele
decorre do Pai e do Filho.*

A. GRAMSCI
Concepção Dialética da História, p. 119.

SUMÁRIO

Apresentação – *Sérgio Eduardo Sampaio Silva* 11

Introdução 19
I 29
II 55
III 81

A FORÇA DO SENTIDO, NOVAMENTE

A Força do Sentido, de Sergio Miceli, tem duas vidas. E não poderia ter outro título nesta segunda existência, afinal, dar sentido ou simbolizar as coisas que se apresentam a nós, seja uma cadeira ou um livro, significa em alguma instância nomeá-las. A sociologia contribui no debate ao mostrar que a sociedade é parte fundamental do processo de aprender a usar as palavras, comungando os sentidos atribuídos a elas. No limite, é a sociedade quem facilita a classificação e organização dos símbolos, espelhando neles a própria morfologia social vigente, e inculcando nas pessoas um *jeito de ser* comum naquele grupo. Assim, se é que o sentido tem uma força, certamente ela tem bases materiais e simbólicas bem fundadas na própria sociedade. O livro a seguir oferece os primeiros passos para quem deseja encarar esse desafio fundamental da sociologia da cultura.

PRIMEIRA VIDA

Na primeira das vidas desta obra, ainda nos anos 1970, Miceli propôs à editora Perspectiva que publicasse um conjunto de artigos de Pierre Bourdieu, e a organização dos artigos compunha um estudo profundo sobre uma *economia do mundo simbólico*. Foi assim que o texto nasceu, como a introdução da coletânea *A Economia das Trocas Simbólicas*, publicada em 1974.

Miceli traduziu e agrupou o pensamento de Bourdieu sobre os efeitos do mundo simbólico na organização social em suas múltiplas esferas. De fato, o livro de 1974 é fundamental para quem deseja conhecer o papel das representações coletivas, da religião, dos bens simbólicos, das trocas, dos *habitus* de classe, no limite, da própria ideologia e da cultura como objetos sociológicos.

Bourdieu propôs um capital de tipo simbólico, uma força oriunda da sociedade capaz de gerar uma espécie de capital que se acumula da interação social, que produz um lucro mais ligado aos afetos e ao mundo do simbólico, diferente daquele associado ao dinheiro em si. Visto amiúde, seja na igreja, na escola ou no teatro, as pessoas estão sempre sob o efeito do mundo econômico e também do simbólico, ao mesmo tempo.

Em sua primeira vida, "A Força do Sentido" cumpriu a missão de mostrar os passos do professor francês em diálogo com os sociólogos clássicos a fim de entregar ao leitor da coletânea as premissas que fundamentaram o pensamento de Bourdieu sobre o mercado simbólico. Ao reler as influências de Emile Durkheim, Marcel Mauss, Karl Marx e Max Weber no léxico bourdiesiano, o livro deixa claro para o leitor iniciante em sociologia que, para além das reflexões mais ajustadas ao pensamento economicista, Pierre Bourdieu criou um método que permitiu entender que o sentido atribuído às coisas é gestado na própria sociedade.

E a "mágica" acontece a partir de uma espécie de economia das trocas simbólicas, da troca das próprias palavras ditas, ou melhor, do sentido delas.

SEGUNDA VIDA

Agora, o texto ganha uma segunda vida, renascendo como livro. Na medida em que os estudos sobre o assunto avançaram no tempo, a aula de Miceli sobre Bourdieu consagrou-se como análise profícua em torno do mundo simbólico. A importância desta segunda vida é a capacidade de Miceli para introduzir o leitor nas primeiras questões de uma sociologia dos sistemas simbólicos. Ora, desde o seu início a sociologia dedicou-se aos estudos acerca da divisão do trabalho, quase sempre destacando o seu sentido econômico.

Miceli oferece uma aula sobre como Bourdieu apresentou a existência de uma *divisão do trabalho do simbólico*. E ao fazê-lo, propôs à sociologia da cultura questões cruciais, por exemplo: como opera essa divisão do trabalho simbólico? Quais são seus efeitos na vida social? Como introdução a esse desafio de Bourdieu, *A Força do Sentido* cumpre o papel de explicar os caminhos para observar o mundo do simbólico a partir das condições e relações sociais que o gesta.

Ao retomar a importância da escola francesa, principalmente Durkheim, Mauss e Levi-Straus, no pensamento de Bourdieu, Miceli mostra que a noção de *fato social deve ser vista como coisa e como representação*. Ou seja, os próprios bens simbólicos permitiriam uma teoria capaz de revelar as condições materiais e institucionais que presidem a criação e transformação dos *aparelhos de produção simbólica*, de ecoar ideológico. Assim, as representações coletivas, organizadas pelos sistemas de classificação, podem ser entendidas como possuidoras de uma existência material traduzidas em atos e práticas cotidianas.

Miceli lembra que até mesmo o ato de dar nome às coisas é um ato mágico, e a fala é um elemento central para se pensar o mundo simbólico. Ele explica que a língua aparece como forma objetiva no mundo, que os símbolos representados por ela criam alegorias, mitos e a própria religião. Mostra ainda que os signos não são isolados, eles mantêm relação entre si, e têm funções práticas como a comunicação, o conhecimento, as políticas e nas formações econômicas. Os símbolos são aquilo que *a cultura produz e inculca nas pessoas*.

A ideia de inculcar é interessante, pois pressupõe que algo é colocado de fora do indivíduo para dentro dele. Esse problema sociológico não passa batido por Miceli, que dedica boas páginas desta obra para esclarecer o debate do ponto de vista bourdiesiano. É notável a facilidade de Miceli para deixar clara a ideia de que os capitais específicos são os próprios aprendizados e jeitos de ser, *Habitus*, que são inculcados desde as primeiras fases da vida social. Vale lembrar que até mesmo costumes primários são ensinados de uma pessoa para a outra, por exemplo: como escovar os dentes, quanto e como dormir, o que comer ou não comer etc.

Miceli explica que é justamente de Marx que Bourdieu entende o debate sobre o *habitus*, afinal, se aprendemos os sentidos das coisas na sociedade, esse sentido sempre vem carregado de poder. Muitas das ideias dominantes servem para fortalecer a si mesmas, ou seja, estão sempre carregadas dos costumes da classe daqueles que dominam os *aparelhos de produção e difusão do sistema simbólico*, como a Igreja ou a televisão. Ainda por meio das análises críticas de Marx, Bourdieu chega na separação final entre mercado material e mercado simbólico, entre trabalho material e trabalho simbólico, entre lucro econômico e lucro simbólico, entre empresário econômico e empresário de bens de salvação, entre capital econômico e capital simbólico.

Da inspiração weberiana, a aula de Miceli explicita o papel dos aparelhos de produção ideológica – ou seja, há junto com a dominação econômica, uma dominação ideológica, a luta que desenvolve entre os diversos grupos sociais assume o caráter de um conflito entre valores que se materializam através de um estilo de vida baseado na usurpação do prestigio e na dominação. Uma espécie de poder que se exerce por intermédio de instituições que dividem entre si o trabalho de dominação simbólica.

POR UMA SOCIOLOGIA DOS SISTEMAS SIMBÓLICOS

Por fim, é importante escolher algumas palavras que dão sentido ao papel de Sergio Miceli na sociologia brasileira. Com uma carreira muito extensa, é considerado uma referência na difusão do pensamento de Pierre Bourdieu no Brasil. E para além dos incontáveis alunos, orientações e bancas, dedicou a vida à sociologia da cultura, abrindo as portas dos estudos relacionados aos microcosmos da vida social, dos efeitos do mundo simbólico vistos amiúde, no cotidiano das pessoas. Vale lembrar que um de seus primeiros trabalhos observou a apresentadora Hebe Camargo e a televisão brasileira no livro *A Noite da Madrinha*, também publicado pela Perspectiva.

Talvez, o ponto de Miceli seja mostrar que, depois de Bourdieu, ficou mais claro o fato de que a sociologia oferece um novo arcabouço teórico e metodológico para posicionar cada pessoa a partir do um conjunto particular de atributos, ou melhor, de capitais de diferentes espécies que elas têm disponíveis no jogo da vida social. Assim, os primeiros passos e primeiros autores para a construção desse universo simbólico, entendendo-o como coisa e representação, estão colocados neste pequeno livro. Ele é, no limite, uma pequena aula de abertura de um curso de sociologia dos sistemas simbólicos.

Sergio Eduardo Sampaio Silva[1]

---

[1] Sociólogo, mestre em Ciências Sociais pela Faculdade de Filosofia, Letras e Ciências Humanas da Universidade de São Paulo – FFLCH-USP.

INTRODUÇÃO

Nos últimos anos, o estudo da "ideologia" e da "cultura" passou a constituir um dos objetos cruciais das ciências humanas.

Um bom indicador da nova maré são as inúmeras correntes teóricas e métodos de análise recentemente surgidos tanto na Europa como nos Estados Unidos, abrangendo desde a "etnociência", a "etnometodologia", o "interacionismo simbólico", até a releitura das obras de Gramsci, a corrente althusseriana, a sociologia semiológica de Verón e a sociologia dos sistemas simbólicos de Bourdieu[1]. Por outro lado, a releitura dos clássicos elegeu a problemática

---

1 A coletânea de textos reunidos por Stephen A. Tyler sob o título *Cognitive Anthropology*, New York: Holt/Rinehart and Winston, 1969, inclui trabalhos importantes de adeptos da "etnociência". No caso da "etnometodologia", pode-se consultar a coletânea organizada por Hans Peter Dreitzel, *Recent Sociology* (n. 2), e mais, Harold Garfunkel, *Studies in Ethnomethodology*, New York: Prentice-Hall, 1967. Os autores mais conhecidos do interacionismo simbólico são Erving Goffman e Peter Berger. Do primeiro, ver em especial *Asylums*, New York: Doubleday, 1961; e do segundo, *The Social Construction of Reality*, New York: Anchor, 1967 e *El Dosel Sagrado* (*Elementos Para una Sociología de la Religión*), Buenos Aires: Amorrortu, 1971.

da ideologia como preocupação central. Por detrás de tais denominações está em jogo o saldo a ser extraído das contribuições dos fundadores e, ao mesmo tempo, o confronto entre diferentes concepções da realidade social no que se refere à questão do simbolismo reposta pela análise estrutural e pela influência crescente dos modelos linguísticos e semiológicos. Se a revisão estruturalista do marxismo levada a cabo pelos althusserianos tomou o historicismo para carniça, é fácil rastrear a presença de uma orientação fenomenológica subjacente a muitos trabalhos produzidos na área nos Estados Unidos.

Vários autores já afirmaram que a importância e a eficácia de uma teoria científica dependem de sua capacidade para fixar os elementos constantes, deixando de lado a variedade da aparência. Não pelo enlevo com o que há de constante, mas como passo necessário de um projeto que almeja transformar o existente. Mesmo que isso não se aplique à obra de Pierre Bourdieu, crítico arguto do que denomina a "tentação profética" em que podem incorrer os cientistas humanos, é por essa razão que sua leitura nos parece relevante[2].

Bourdieu distingue duas posturas principais dentre as orientações que lidam com sistemas de fatos e de representações comumente recobertos pelo conceito mais abrangente de *cultura*[3]. De um lado, a problemática kantiana, com herdeiros em Cassirer, Sapir, inclusive Durkheim e Lévi-Strauss, considera a cultura – e por extensão todos os sistemas simbólicos, como a arte, o mito, a linguagem etc. – em sua qualidade de instrumento de comunicação e conhecimento responsável pela forma nodal de consenso, o acordo quanto ao significado dos signos e quanto ao

---

2   A respeito do que chama "a tentação do profetismo", ver *Le Métier de sociologue*, Paris: Mouton/Bordas, 1968, p. 47-50.

3   Sobre o conceito de cultura, objeto de tantas controvérsias, consultar Alfred L. Kroeber; Clyde Kluckhohn, *Culture: A Critical Review of Concepts and Definitions*, New York: Vintage Books/Random House, 1963.

significado do mundo. De outro, tende-se a considerar a cultura e os sistemas simbólicos em geral como um instrumento de poder, isto é, de legitimação da ordem vigente. Refere-se, nesse caso, à tradição marxista e à contribuição de Max Weber que, a despeito dessa aproximação, acham-se separados por outros tantos motivos.

A limitação mais grave da primeira tendência reside no fato de privilegiar a cultura como *estrutura estruturada* em lugar de enxergá-la enquanto *estrutura estruturante*, relegando, portanto, as funções econômicas e políticas dos sistemas simbólicos e enfatizando a análise interna dos bens e mensagens de natureza simbólica. Por esse motivo, não consegue deixar de ser uma teoria da integração lógica e social de "representações coletivas", cujo paradigma é a obra de Durkheim. Embora no caso da etnometodologia o acesso à construção social da realidade se faça por meio do conjunto de representações tal como se manifestam na consciência do agente[4] – o que contradiz em pontos cruciais algumas das exigências estruturalistas –, a intenção consiste em levar às últimas consequências o desafio de Lévi-Strauss, no sentido de explorar a dimensão simbólica do social tida como a única em condições de incorporar todos os níveis da realidade. A tradição materialista, por sua vez, salienta o caráter alegórico dos sistemas simbólicos numa tentativa de apreender tanto seu caráter organizacional próprio – o núcleo do projeto weberiano – como as determinações que sofrem por parte das condições de existência econômica e

---

4 A etnometodologia tende a colocar a questão dos sistemas simbólicos em termos de mera comunicação, como se os agentes sociais fossem senhores dos significados que eles mesmos produzem e mobilizam no processo de interação. Ao se dispor a enxergar a realidade do ponto de vista do ator, privilegiando assim a questão do significado das ações sociais, esse trajeto minimiza os aspectos macrossociológicos em favor das estratégias de interpretação, tipificação e rotulação a que o ator recorre nos processos interativos com os quais se defronta.

política, e a contribuição singular que tais sistemas trazem à reprodução e transformação da estrutura social.

Se, por um lado, Bourdieu reconhece a contribuição decisiva da ciência estruturalista por haver propiciado os instrumentos teóricos e metodológicos aptos a desvendar a lógica imanente de um bem simbólico, por outro, critica a semiologia, por aplicar a qualquer objeto a teoria do consenso imbricada no primado conferido à questão do sentido.

Pelo fato de a ciência objetivista – com paradigma recente na hermenêutica estruturalista – assumir um ponto de vista absoluto sem se ater em regra aos esquadros que provêm do observado e/ou do observador, ela acredita na ilusão da ciência como "uma espécie de espectador divino". Assim, Saussure entende a língua "como objeto autônomo e irredutível às suas atualizações, quer dizer, aos atos de fala que torna possíveis"[5], ou seja, constitui a língua em termos de um sistema de relações objetivas irredutível tanto às práticas pelas quais se realiza e se manifesta como às intenções dos sujeitos e à consciência que podem tomar de suas injunções e de sua lógica. Logo, compreende-se as razões que levam a tratar "as práticas ou as obras enquanto fatos simbólicos que é preciso *decifrar*, ou melhor, a preferência em tratá-las enquanto obras prontas e não enquanto práticas". Nas palavras de Bourdieu, muito embora a falta cometida no plano da fala revele de imediato a língua como a norma objetiva, convém lembrar que "a fala aparece como a condição da língua, tanto do ponto de vista individual como do ponto de vista coletivo, uma vez que a língua não pode ser aprendida fora da fala, e porque sua aprendizagem se realiza através da fala", origem das inovações e transformações pelas quais passa a língua[6].

5 Pierre Bourdieu, *Esquisse d'une théorie de la pratique*, Genève: Droz, 1972, p. 164.
6 Ibidem, p. 167-168.

Eis o perigo, a um passo da óptica a privilegiar as condições lógicas do deciframento no qual a língua aparece como a condição de inteligibilidade da fala, a mesma perspectiva a priorizar as relações que os signos mantêm entre si – sua estrutura – em detrimento de suas funções práticas que devem abranger tanto as funções de comunicação e/ou de conhecimento como as funções políticas e econômicas. Todavia, a consequência danosa da postura reside nos riscos de etnocentrismo a rondar o observador. Sendo a língua a condição primeira do discurso, dando conta tanto da produção como das possibilidades abertas ao deciframento, pressupõe, em regra, a coincidência total entre a competência mobilizada pelo agente no discurso e na prática e a competência exigida do observador na apreensão do discurso e da prática. Como tal paralelismo não ocorre na maioria dos casos, sucede algum "erro quanto ao crivo" que o observador adota ao decifrar o discurso ou a prática. Eis a razão pela qual Bourdieu prefere privilegiar as funções sociais cumpridas pelos sistemas simbólicos, as quais tendem, no limite, a se transformar em funções políticas na medida em que a função lógica de ordenação do mundo subordina-se às funções socialmente diferenciadas de diferenciação social e de legitimação das diferenças.

As críticas de Bourdieu se dirigem aos que acreditam que a sociologia dos fenômenos simbólicos não passa de um capítulo da sociologia do conhecimento e, portanto, nada tem a ver com o sistema de poder, como àqueles que a entendem como dimensão da sociologia do poder para a qual os sistemas simbólicos não possuem realidade tangível. A segunda tendência privilegia a *temática* das linguagens simbólicas; a primeira focaliza sua *sintaxe*, ou então, nas palavras do autor, a "sua maneira de falar" em detrimento "do que se fala". Passar ao largo do impasse, quiçá superá-lo, requer o escrutínio dos princípios a sustentar a eficácia dos símbolos e, assim, lhes conferir um poder externo, vale dizer, político.

Não obstante, ambas as tendências concedem espaço bastante delimitado à experiência[7] ou à vontade do agente social[8], ao realçar o peso explicativo do que manifesta acerca da realidade. Tirante os problemas atinentes à relação entre observador e informante no curso da pesquisa – tópico recorrente em correntes antropológicas ao lidar com representações, valores e crenças[9] –, cumpre sublinhar o quanto a primazia da dimensão simbólica ou ideológica dos processos sociais deriva das injunções do sistema de dominação (Weber e Gramsci), ou do privilégio dos modos de ordenação da realidade pelo agente. A despeito dos caminhos distintos pelos quais enveredam tais enfoques, o traço comum

7 Como indica Dreitzel, o conceito de "negociação", que dá conta dos processos de interpretação e tipificação a que recorrem os agentes envolvidos numa dada situação, leva a considerar o ator como sede última do sentido e da significação. Em consequência, a estrutura social surge como se estivesse fundada nos procedimentos interpretativos de seus membros, a tal ponto que se chega à seguinte afirmação: "if men define a situation as real, it is real in its consequences" (se os homens definem uma situação como real, ela é real em suas consequências). Tal frase não quer dizer apenas que os símbolos e significados vigentes possuem um peso de realidade efetiva – no que todos concordariam, em especial os interessados em conceder à ideologia uma autonomia relativa –, mas significa também que as definições de que o agente é construtor ou portador dão conta do processo global de interação. Ver H.P. Dreitzel, op. cit., p. xiis.

8 Refiro-me ao papel crucial que o elemento vontade desempenha na concepção de Gramsci no tocante à ideologia. Infelizmente, neste trabalho, é inviável apontar, mesmo de modo sucinto, as implicações disso para a compreensão da teoria dos aparelhos ideológicos.

9 Em especial, no caso da "etnociência", a relação observado/observador é objeto de amplas e fundas preocupações. Visando eliminar todo e qualquer risco de etnocentrismo, esta corrente procurou refinar seu instrumental de trabalho de campo e dedica grande parte de seu esforço metodológico às "técnicas da explicitação controlada" e aos "métodos de análise formal". Ver Charles O. Frake, Notes on Queries in Etnography, em S. Tyler, op. cit., p. 123-137. Para uma resenha crítica da "etnociência", consultar Marcel Fournier, Réflexions théoriques et méthodologiques à propos de l'ethnoscience, *Revue Française de Sociologie*, xii, 1971, p. 459-482.

consiste na quebra de esquemas rígidos de explicação, em especial os de vezo "economicista". O aporte weberiano privilegia o escrutínio das condições econômicas e políticas a presidir a formação de instâncias institucionalizadas de produção simbólica, como nos estudos de sociologia religiosa[10]. Gramsci hesita, entre a recusa do materialismo "mecânico", "fatalista", e o intento de se desvencilhar do enfoque voluntarista do processo histórico, no qual predominariam fatores políticos e ideológicos[11].

O desígnio de engendrar um modelo de análise dos fatos culturais propenso a compatibilizar os aportes dos fundadores – Marx, Weber e Durkheim –, no empenho de contornar eventuais carências e lapsos derivados da perspectiva adotada, passa ao largo do projeto "eclético", "pluralista", "sincrético" ou, por que não, da *bricolage*. Salvo engano, Bourdieu tenciona retificar a teoria do consenso por um modo de apreensão apto a revelar as condições materiais e institucionais que presidem à gênese e à transformação de instâncias de produção simbólica cujos bens deixam de ser meros instrumentos de comunicação ou de conhecimento.

> Uma vez que os sistemas simbólicos derivam suas estruturas da aplicação sistemática de um simples *principium divisionis* e podem assim organizar a representação do mundo natural e social dividindo-o em termos de classes antagônicas; uma vez que fornecem tanto o significado quanto um consenso em relação ao significado através da lógica de inclusão/exclusão, encontram-se predispostos por sua própria estrutura a preencher funções simultâneas de inclusão e exclusão, associação

10 Ver, em especial, o texto Tipos de Comunidad Religiosa (Sociología de la Religión), item v da segunda parte de *Economía y Sociedad*, v. I, Ciudad de México: Fondo de Cultura Econômica, p. 328-492.
11 Ver Antonio Gramsci, *Maquiavel: A Política e o Estado Moderno*, Rio de Janeiro: Civilização Brasileira, 1968; idem, *Los Intelectuales y la Organización de la Cultura*, Buenos Aires: Nueva Visión, 1972.

e dissociação, integração e distinção. Somente na medida em que tem como sua função lógica e gnosiológica a ordenação do mundo e a fixação de um consenso a seu respeito é que a cultura dominante preenche sua função ideológica – isto é, política –, de legitimar uma ordem arbitrária; em termos mais precisos, porque enquanto uma *estrutura estruturada* ela reproduz sob forma transfigurada e, portanto, irreconhecível, a estrutura das relações socioeconômicas prevalecentes que, enquanto uma *estrutura estruturante* (como uma problemática), a cultura produz uma representação do mundo social imediatamente ajustada à estrutura das relações socioeconômicas que, doravante, passam a ser percebidas como naturais e, destarte, passam a contribuir para a conservação simbólica das relações de força vigentes.[12]

O período transcrito condensa a concepção da cultura subjacente à sociologia dos fatos simbólicos. Primeiro, a óptica da reprodução mediante a qual a sociologia da cultura se constitui como ciência das relações entre a reprodução social e a reprodução cultural, vale dizer, de que modo as relações entre os grupos e classes cumprem a lógica a qual se reproduz em registro dissimulado no plano das significações. Todavia, antes de atribuir à cultura qualquer função externa – por exemplo, justificar uma ordem social arbitrária –, cumpre escrutinar as instâncias de produção simbólica na qual se constituem as linguagens e as representações e por meio das quais ela adquire realidade própria. Antes, pois, de mirar na dissimulação aí operada, é preciso restituir os domínios mais ou menos autônomos do campo simbólico, cuja organização interna determina, no atacado, o feitio denegado dos bens aí produzidos. Embora a religião se imponha de pronto como sistema de símbolos "fechado" e "autônomo", cuja inteligibilidade parece indissociável da hierarquia alegórica a que se emparelha – por exemplo, nos casos em que se descreve a teodiceia em termos

---

[12] Pierre Bourdieu, The Thinkable and the Unthinkable, *The Times Literary Supplement*, 15 out. 1971, p. 1295-1296.

estritamente existenciais –, a compreensão de suas práticas e discursos remete às lutas dos grupos de agentes cujos interesses materiais e simbólicos convertem o campo religioso um terreno de confronto à peleja entre diferentes empresas de bens de salvação.

Não fora tal mirada, Bourdieu estaria afirmando o aporte singular de uma dimensão do real que, por si só, não teria realidade tangível. Por conseguinte, um determinado sistema simbólico – por exemplo, a profecia judaica –, deriva seus condicionantes do estado das condições materiais de existência que se fazem sentir no campo das relações de classe. Entretanto, pelo fato de a cultura existir sob a forma de símbolos, do conjunto de significantes/significados dos quais advém sua eficácia, a percepção dessa realidade sobreposta, simbólica, produzida e inculcada pela cultura, revela-se indissociável de sua função política. Assim como não existem puras relações de força, tampouco há relações de sentido referidas e determinadas por um sistema de dominação. Dessa perspectiva, importa sobremaneira identificar as relações de sentido, modalidade na qual as relações de força se manifestam. Na redução do sentido à força, as relações de classe evidenciam seu torque, enquanto a metamorfose da força em sentido reforça, com *élan* próprio, o teor arbitrário das relações de classe enquanto relações de força. Afora as representações internalizadas pelos agentes, capazes de propiciar justificativas simbólicas à posição que ocupam, o observador deve reconstruir o sistema integral de relações simbólicas e não simbólicas, a saber, as condições de existência material e a hierarquia social daí resultante.

O trajeto de Bourdieu alia o conhecimento da organização interna do campo simbólico – cuja eficácia reside na possibilidade de ordenar o mundo natural e social por meio de discursos, mensagens e representações, alegorias que transmutam a estrutura objetiva de relações sociais – à percepção da função ideológica e política a legitimar a ordem arbitrária em que se escora o sistema de dominação vigente.

Tal esquadro advém de determinada imagem da sociedade capitalista, cujo desenvolvimento se enraíza numa divisão do trabalho complexa e diferenciada a que corresponde a sociedade de classes, cujas posições e cujo peso relativo derivam seu fundamento das formas de repartir, de modo desigual, o produto do trabalho, sob as feições de capital econômico e cultural. Ora, da óptica da reprodução, a concepção de um campo simbólico com autonomia relativa implica a regionalização da realidade social cujos fundamentos, como se verá, derivam de um processo histórico singular das categorias aí produzidas, que passam a informar e a justificar o princípio de diferenciação a garantir lastro ao modelo de análise. Implica, ademais, uma imagem do campo das relações de classe, aí restituída na chave da perspectiva weberiana, qual seja, um sistema de condições e posições de classe. Exige, ainda, um conjunto de instrumentos e de métodos de análise adequados aos alvos da explicação. Intenta-se aqui propiciar pistas acerca dos paradigmas de interpretação cuja presença baliza, de modo gritante, o escrutínio perspicaz de um modelo inovador de análise, sem a pretensão de lacrar um quadro teórico substantivo. Nesse intuito, a trilha ajuizada consiste em recuperar materiais da tradição do pensamento sociológico à qual o autor se filia, cerne de sua concepção original do campo simbólico.

I

A despeito das críticas endereçadas à hermenêutica estruturalista, Bourdieu não consegue furtar-se a temas recorrentes na escola francesa, de Durkheim a Lévi-Strauss. Sem chegar à posição extremada de Lévi-Strauss no tocante à postura durkheimiana[1], a noção que enxerga os sistemas simbólicos enquanto *estruturas estruturadas* liga-se à noção de forma primitiva de classificação[2].

De início, a classificação é definida em termos de operação lógica que consiste em hierarquizar as coisas do mundo sensível em grupos e gêneros cuja delimitação apresenta caráter arbitrário. A hierarquia entre as coisas agrupadas numa dada classe tem muito mais o sentido de uma ordem

1 Claude Lévi-Strauss, La Sociología Francesa, em Georges Gurvitch; Wilbert E. Moore (orgs.), *Sociología del Siglo XX*, 2. ed., Barcelona: El Ateneo, 1964, t. II, p. 14.

2 Émile Durkheim; Marcel Mauss, De quelques formes primitives de classification (contribution à étude des représentations collectives, 1903), em Marcel Mauss, *Oeuvres – Représentations collectives et diversité des civilisations*, Paris: Minuit, 1969, v. 2. O texto citado consta também em Marcel Mauss, *Essais de sociologie*, Paris: Minuit, 1969, as referências a esse trabalho remetem à última edição.

cujos fundamentos devem ser buscados fora do sistema classificatório. Segundo Durkheim, "a classificação das coisas reproduz a classificação dos homens", vale dizer, a organização social constitui a base e o fundamento último do sistema de classificação das coisas. Nesse ponto, já transparece uma divergência de peso, pois, para o fundador, o sistema classificatório não deve ser considerado à maneira de um sistema simbólico que transfigura e dissimula as relações reais entre os homens, guardando com o sistema social uma relação de íntima correspondência. Para Durkheim, o sistema lógico reproduz de perto o sistema social –reprodução bastante fiel com léxicos próprios, tendo um mesmo referente – e as relações de exclusão/inclusão, distância/proximidade, associação/dissociação que informam a hierarquia entre as diversas classes de seres recobrem, sem solução de continuidade, o arcabouço da organização social repartida em fratrias, clãs e outros grupamentos menores derivados de processos de segmentação[3]. Por conseguinte, ao invés de entender o sistema simbólico como a representação alegórica do mundo natural e social dividido em classes antagônicas e cumprindo, pois, a função político-ideológica de legitimar uma ordem arbitrária, Durkheim enxerga o sistema de classificação como a ordem lógica que recobre (no sentido literal de "revestir") a ordem social, impondo-se sobre o agente e regulando não apenas a apropriação dos símbolos, mas também suprindo as regras e os materiais significantes com que os grupos dão sentido às suas práticas. O totemismo seria, então, o grupamento dos

---

3 A ideia de que "toda classificação implica uma ordem hierárquica" já se faz presente em Durkheim e é nesse sentido que se deve entender a afirmação de Bourdieu: "a cultura classifica os classificadores [...], estabelece uma oposição entre as coisas consideradas como objetos dignos de serem pensados [...] e aquelas consideradas indignas da conversação e do pensamento, o "impensável" ou "indigno de ser mencionado". Pierre Bourdieu, The Thinkable and the Unthinkable, *The Times Literary Supplement*, 15 out. 1971, p. 1255.

homens em clãs que obedecem à ordem lógica dos objetos naturais e, ao mesmo tempo, um grupamento dos objetos naturais que obedece à ordem dos grupamentos sociais. Em última análise, os sistemas de classificação constituem *representações coletivas* cujas divisões internas remetem às divisões morfológicas do grupo como um todo. Eis o que se pode concluir do texto: a organização social efetiva é aquela que o sistema de classificação sugere ou então a cultura nessas sociedades não constitui a rigor um sistema simbólico. O esforço de Durkheim em encontrar os fundamentos sociais do simbolismo não se completa porque, amiúde, refere um sistema classificatório àquele tido como social, o qual nomeia mais de perto – no jargão da moda, os modelos conscientes – o que os agentes reconhecem como o sistema social "vivido". A cultura restringe-se, assim, à sua função de integração lógica e moral ao reproduzir, com materiais significantes próprios, a classificação social que reparte os homens pela hierarquia. A sociedade-sujeito constitui, ao cabo, o fundo comum que articula o sistema social e o sistema lógico. Tanto pela função que lhe atribui como pela teoria do consenso aí implicada, Durkheim elide a problemática da dominação.

Para Bourdieu, a organização do mundo e a fixação de um consenso a seu respeito constituem uma função lógica necessária ao permitir à cultura dominante numa dada formação social cumprir a função político-ideológica de legitimar e sancionar um regime de dominação. O consenso tornou-se a ilusão primeira a que conduz qualquer sistema de regras capazes de ordenar os materiais significantes de um sistema simbólico. Por exemplo, no caso da religião, a divisão dos seres e dos homens em classes antagônicas está referida a um sujeito transcendente que "cimenta" tal disjunção. Em Durkheim, a fundamentação empírica da teoria do consenso se preocupa sobretudo em mostrar que as divisões internas pelas quais passam os diversos grupos são recuperadas em pauta de equilíbrio. Embora um determinado clã esteja proibido de comer certos animais, o balanço de forças se refaz porque os outros clãs estão submetidos à proibição idêntica. A diversidade das regras e dos significados não põe em risco a imagem benigna do grupo como um todo unificado[4]. Não por acaso, Durkheim faz questão de frisar a ausência de uma hierarquia de dominação/subordinação entre os clãs[5]; a rigor, sua noção de hierarquia adquire o sentido de uma ordem lógica imposta às divisões pelas quais o mundo sensível passa em diversas espécies e gêneros. De fato, em outros trechos, ele se empenha em salientar um possível grau de assimetria e descompasso entre a função classificatória e as constantes subdivisões advindas no plano da organização social[6]. Não obstante, subsiste o esquema nuclear segundo o qual a organização das ideias corre paralela à organização da sociedade.

Outro ponto reelaborado por Bourdieu diz respeito às representações individuais. No texto citado, faz-se menção às representações que o agente possui acerca das relações

[4] No texto de introdução às *Oeuvres* de Mauss por cuja publicação é responsável, Victor Karady observa que o ambiente intelectual em que se expandiu a escola francesa no início do século estava impregnada tanto pelas teorias evolucionistas como pela influência da linguística comparada e da biologia, tomadas como modelos de explicação pelos sociólogos. Ver V. Karady, Présentation, em M. Mauss, op. cit.

[5] No caso de Mauss, existe um esboço de sociologia política cuja preocupação central refere-se às condições capazes de criar o consenso entre os Estados e no interior das sociedades arcaicas. Aliás, no Essai sur le don, Mauss rabisca uma teoria da esmola segundo a qual ela "vinga os pobres e os deuses pelo excesso de felicidade e riqueza de certos homens [...]", em M. Mauss, *Sociologie et anthropologie*, Paris: PUF, 1968, p. 169-170. Mas, segundo Durkheim, não se deve considerar o processo de segmentação como "o produto de movimentos revolucionários e tumultuosos", op. cit., p. 185. À página 175, afirma outra vez a inexistência de uma hierarquia entre os clãs.

[6] O que sucede em especial quando se trata do sistema classificatório dos chineses, p. 213s, texto citado. Nesse caso, salienta a margem de autonomia de que dispõe tal sistema em face da organização social.

que os grupos de coisas assim classificadas mantêm uns com os outros. Em alguns casos, o agente as concebe em termos de relações de parentesco, cujo quadro de referência é o próprio indivíduo[7]. Às vezes, tais relações são pensadas no esquadro de "possuidores" e "possuídos"; logo, no plano das representações individuais os agentes podem vivenciar os sistemas de classificação no parâmetro de relações de dominação. Adiante, Durkheim transfere a questão da posse e da propriedade ao plano do sistema de fatos, vale dizer, transmuta-se em item do sistema classificatório[8]. Um terceiro tipo de representação faculta ao agente uma experiência da hierarquia das coisas em ordem reversa, ou seja, considera as mais distantes como as mais importantes. Talvez se pudesse entender esse caso em registro semelhante

---

7   M. Mauss, *Sociologie et anthropologie*, p. 179. "Quand la classification se fait simplement par phratries, sans autre subdivision, chacun se sent parent et également parent des êtres attribués à la phratrie dont il est membre ; ils sont tous, au même titre, sa chair, ses amis, tandis qu'il a de tout autres sentiments pour les êtres de l'autre phratrie. Mais lorsque, à cette division fondamentale s'est superposée la division en classes ou en clans totémiques, ces rapports de parenté se différencient." (Quando a classificação é feita simplesmente por fratrias, sem outra subdivisão, a pessoa sente-se igualmente relacionada e relacionada com os seres atribuídos à fratria da qual é membro; são todos, da mesma forma, sua carne, seus amigos, enquanto ele tem sentimentos bem diferentes pelos seres da outra fratria. Mas quando a essa divisão fundamental se sobrepõe a divisão em classes ou clãs totêmicos, diferenciam-se tais relações de parentesco.)

8   Ibidem, p. 179-180: "À parler exactement, ce n'est pas l'individu qui possède par lui-même le sous-totem : c'est au totem principal qu'appartiennent ceux qui lui sont subordonnés. L'individu n'est là qu'un intermédiaire. C'est parce qu'il a en lui le totem (lequel se retrouve également chez tous les membres du clan) qu'il a une sorte de droit de propriété sur les choses attribuées à ce totem."(A rigor, não é o indivíduo que possui o subtotem por si mesmo: é ao totem principal que pertencem aqueles que lhe estão subordinados. O indivíduo é apenas um intermediário. É porque ele tem o totem nele [que também é encontrado em todos os membros do clã]) que ele tem uma espécie de direito de propriedade sobre as coisas atribuídas a esse totem).

ao esquema weberiano da legitimidade, não fosse a sentença de que "na verdade, as coisas mais essenciais ao indivíduo não são as mais próximas a ele, as que se referem de modo mais imediato a sua pessoa individual", uma vez que "a essência do homem é a humanidade"[9].

Como o texto em pauta não oferece evidências empíricas a respeito das condições econômicas e políticas, tampouco se pode verificar em qual medida o sistema classificatório cumpre funções não lógicas, isto é, propriamente políticas. Por exemplo, no caso das confrarias religiosas, a divisão social do trabalho e a estrutura de dominação simbólica derivam sua organização e seu sentido do sistema classificatório.

Não havendo definição rigorosa e exaustiva do que entende por organização social, tudo se passa como se Durkheim intentasse entender o sistema classificatório em termos de partilha de símbolos a propiciar uma identidade no interior do grupo, em estágio de civilização ainda lastreado por uma carga afetiva e moral. Diversamente de Lévi-Strauss, lida com dois sistemas aos quais correspondem dois modelos, a despeito das inúmeras ambiguidades e omissões no texto. Todavia, talvez se pudesse entender a proposta de análise durkheimiana de outro modo; sublinhar a unidade profunda a permear todos os sistemas simbólicos de determinada formação, isto é, o conjunto dos aparelhos de produção simbólica que constituem a cultura obedece ao mesmo princípio divisório, à uma mesma lógica. De outro lado, não haveria, como Durkheim pretende, a correlação entre ambos os sistemas, mas tão somente o espelhamento, um manejo redundante por meio do qual apreendemos de que maneira as relações de parentesco entre os totens reproduzem a lógica das relações entre os clãs.

Logo, o sistema classificatório configura o produto de um pensamento coletivo e capaz de conferir às práticas

9   Ibidem, p. 180.

um conteúdo derivado do sistema. A natureza é partilhada entre os deuses do panteão assim como o universo é compartilhado entre os clãs. Nesse passo, o sistema de classificação pode lograr margem elevada de autonomia, pois com frequência se enquadra em um ritmo singular infenso às mudanças no plano da organização social. Por exemplo, o monoteísmo (passo da evolução que sofre o pensamento religioso) sinaliza um processo interno de desenvolvimento ao nível do sistema classificatório: uma tendência pela qual os deuses se confundiriam cada vez mais uns aos outros até chegar o momento quando um deles logra se apropriar dos atributos dos demais, a começar pelos nomes. E, ao cabo dessa transformação, surgiriam os tipos abstratos e racionais que estão na base das primeiras classificações filosóficas.

Eis aí o projeto heurístico de Durkheim em sua grandeza e, por que não, em sua miséria. A análise dos sistemas classificatórios consiste no estudo de uma etapa anterior às primeiras classificações científicas, a despeito da partilha de inúmeros traços comuns entre os sistemas "arcaico" e científico: 1. sistemas de noções hierarquizadas, nos quais as coisas dispostas em grupos mantêm entre si relações bem definidas ao compor um único todo; 2. ambos constituem um instrumento de conhecimento e comunicação pelo qual a sociedade confere um sentido unitário ao universo, ou seja, "fazem compreender e tornam inteligíveis as relações que existem entre os seres"; 3. ambos dependem de condições sociais pois, na verdade, são as relações sociais entre os homens que constituem base e modelo para as relações lógicas entre as coisas. Assim, se deve entender o conceito de relações sociais no sentido ambíguo e indeterminado já referido. Os homens não classificam os seres no intento de encobrir ou justificar as relações que mantêm entre si; os homens classificam os seres pela necessidade lógica que também os leva a pensar na própria existência em termos de grupamentos e divisões.

Todavia, "se a totalidade das coisas é concebida como um sistema uno, é porque a própria sociedade é concebida da mesma maneira", "ela é um todo, ou melhor, ela é o todo único em relação ao qual tudo está referido". Embora os liames lógicos possam adquirir o sentido das relações domésticas, familiares, ou então, transmutar-se em relações de dominação/subordinação econômica ou política, eles constituem sempre estados da alma coletiva. A classificação lógica é a forma primitiva de ordenação do universo por meio de conceitos, mas já constitui estágio mais complexo do que o puramente afetivo. A forma primitiva de classificação se equipara ao conceito e, junto com ele, confronta a emoção. Ora, a classificação não passa de uma categoria do entendimento: a história da classificação científica equivale ao percurso das etapas em meio as quais sucedeu o esgarçamento progressivo do elemento afetividade em prol de categorias do entendimento. Com efeito, o alvo último de Durkheim é fundamentar empiricamente as categorias *a priori* do entendimento humano segundo o programa da filosofia kantiana.

A despeito das diferenças, Bourdieu retém a ideia central do texto, a saber, a organização interna dos sistemas de classificação obedece ao modelo fornecido pela sociedade. E mesmo sem conceder o mesmo grau de autonomia e independência a tais sistemas, acolhe a visada dos sistemas simbólicos como linguagens dotadas de lógica própria.

Como se sabe, a tradição sociológica francesa encara o fato social como coisa e representação e, por essa razão, trata-se de indagação ociosa saber se as ideias deram origem às sociedades ou se foram essas que deram existência às representações. E por isso, Bourdieu recusa-se a tornar o agente social mero "suporte" de estruturas investidas do poder de determinar outras estruturas, e institui como objeto "as leis segundo as quais as estruturas tendem a se reproduzir produzindo os agentes dotados do sistema de disposições capaz de engendrar práticas adaptadas às estruturas e contribuindo, por essa via, a reproduzir tais estruturas"[10]. A mediação operada pelo agente tendo em vista a reprodução social associa-se, segundo a mesma tradição, ao papel estratégico desempenhado pelo processo de socialização por meio das agências educativas, o sistema de ensino, os meios de comunicação de massa, ou a inculcação familiar. A ênfase recai, portanto, no processo de moldagem pelo qual passa o agente a fim de incorporar os princípios e as significações de determinado arbitrário cultural. Para muitos, os agentes não vivem outra coisa a não ser as próprias representações, de onde derivam a posição e o peso de cada elemento do mundo físico e social. Entretanto, sem chegar a tal extremo, deve-se-lhes conceder um grau mínimo de consciência e domínio prático que lhes permita ao menos executar atos e rituais cujo sentido completo lhes escapa. Da perspectiva do agente, e tão somente em certa medida, o mundo é o que consta de seu universo de representações, as quais devem forçosamente ser incorporadas à construção do objeto a cargo do observador.

Não ficam por aí as relações com a escola francesa. Na obra de Mauss, é possível assinalar outros tantos elementos e problemas retomados pelo autor desta coletânea. Desde a caracterização do ato social inspirado por um sentido, quer dizer, no contexto teórico de Mauss, por uma representação,

---

[10] Tal postura contém uma crítica implícita que se pode aplicar tanto às correntes que absolutizam o ponto de vista manifestado pelo agente, por exemplo, no caso da etnometodologia e na concepção de Nicos Poulantzas no tocante às classes sociais. Por conta dos malabarismos a exorcizar o "historicismo", Poulantzas rejeita tornar a "luta de classes" o elemento dinâmico-diacrônico do sistema de estruturas. Adiante, retomarei o tópico ao tratar da concepção de classe social em Bourdieu. Ver N. Poulantzas, *Pouvoir politique et classes sociales*, Paris: Maspero, 1968, p. 61-63.

o que aliás não está longe da concepção de Weber[11]. Mas as representações possuem existência material e, em geral, traduzem-se em atos e práticas. O problema do simbolismo sofre, no entanto, um reparo de perspectiva; a sociedade é definida como um sistema de relações em que cada elemento traz uma contribuição ao todo. Cumpre, pois, classificar os fenômenos sociais em diferentes categorias que, em última análise, correspondem aos tipos de arranjo institucional. Por aí, Mauss propõe uma segunda regionalização, de feitio operacional, no desígnio de construir um objeto passível de análise empírica[12]. As diferentes modalidades institucionais – religião, direito etc. – correspondem a diferentes pontos de vista acerca da vida social total. De outro lado, o foco no problema das condições de comparabilidade incita o estudo de fatos passíveis de serem agrupados em gêneros e que devem, claro, exibir indicadores empíricos manifestos. As razões a justificar o recorte cujos critérios parecem quase sempre ligados ao processo de institucionalização – dando por vezes a impressão de que os níveis de realidade correspondem às múltiplas funções técnicas (quer no plano

11 A respeito da noção de ação social e relação social em Weber, consultar o excelente comentário de Eliseo Verón, O Sentido da Ação Social, *Ideologia, Estrutura e Comunicação*, São Paulo: Cultrix, 1970. Seria interessante ampliar a análise de Verón, mostrando os elementos comuns entre Mauss e Weber no tocante à noção de ação social. Inclusive, como aponta Karady, não há mais dúvidas de que o sociólogo francês tomou conhecimento de pelo menos parte da obra de Weber. Ver, a respeito, V. Karady, op. cit., p. xlii-xliii.

12 A regionalização inicial de onde parte Durkheim estabelece distinção entre os fatos sociais, os fatos psíquicos e os fatos orgânicos. "Este estudo dos grupos secundários, dos meios de que se compõem o meio total, a sociedade, o estudo de suas variações, alterações, de suas ações recíprocas e reações constitui [...] uma das coisas mais urgentes. Muito mais do que na prática social, é aí – uma vez que a instituição é em alguma medida *figée* [congelada] – que se constata a vida verdadeira, ao mesmo tempo material e moral, o comportamento do grupo". M. Mauss, Division concrète de la sociologie, *Essais de sociologie*, p. 59.

da divisão do trabalho material, quer no plano da divisão do trabalho simbólico) – se enraízam em processos históricos em meio aos quais determinados âmbitos da realidade social se autonomizam[13].

Segundo Mauss, a origem desses pontos de vista, que acabam por constituir domínios específicos da realidade, resulta do estado histórico das civilizações da qual também é produto nossa ciência sociológica. A separação e a distinção de um domínio da realidade se efetivam no

13 Ibidem, p. 57: "Il est en particulier un moyen excellent d'expliquer ces divers points de vue auxquels l'homme s'est considéré lui-même et s'est fait lui-même, et auxquels correspondent les sociologies spéciales. Celles-ci n'existent que parce que les principales activités et idéations auxquelles elles correspondent se sont divisées au cours de la très longue évolution cent et cent fois millénaire de l'humanité. Mais, si elles se sont divisées, c'est que, par rapport à elles, au moins de façon momentanée, les gens de ces sociétés se sont divisés eux-mêmes. Nous ne sommes pas toujours artisans ou toujours religieux, mais quand nous le sommes, nous le sommes généralement dans un atelier ou dans une église. Les activités sociales ont abouti, dans nombre de cas, à diviser les sociétés en de nombreux groupements variés, plus ou moins fixes. L'étude de ces groupements ou sous-groupes est, sinon la fin de la démonstration sociologique, du moins l'un des guides les plus sûrs. Pour comprendre les diverses physiologies sociales, il n'est rien de tel que de comprendre les diverses structures sociales auxquelles elles correspondent." (Em particular, é um excelente meio de explicar esses diferentes pontos de vista a partir dos quais o homem considerou a si mesmo e se fez, os quais correspondem às sociologias especiais. Elas só existem porque as principais atividades e ideias a que correspondem foram divididas durante a longuíssima evolução milenar da humanidade. Contudo, se elas se dividiram foi porque em relação a elas, pelo menos momentaneamente, as pessoas dessas sociedades se dividiram entre si. Nem sempre somos artesãos e nem sempre somos religiosos, mas quando somos, geralmente estamos em um ateliê em uma igreja. As atividades sociais em muitos casos, resultaram na divisão das sociedades em numerosos e variados agrupamentos, mais ou menos fixos. O estudo desses agrupamentos ou subgrupos é, senão o fim da demonstração sociológica, pelo menos um dos guias mais seguros. Para entender as diversas fisiologias sociais, não há nada como compreender as várias estruturas sociais a que elas correspondem.)

momento em que sucedem na prática e no pensamento de uma dada sociedade. Em outros termos, os pontos de vista passíveis de serem adotados pela ciência derivam da divisão do trabalho e do processo de especialização crescente. Bourdieu decerto subscreveria a sentença de que "toda atividade social que, em uma sociedade, criou para si mesma uma estrutura e a qual um grupo de homens se dedicou de maneira especial, corresponde seguramente a uma necessidade da vida dessa sociedade"[14]. Os diversos níveis institucionais e os diferentes grupos especializados – confrarias religiosas, sociedades secretas, tropas militares, hierarquias políticas etc. – correspondem a uma dada função, a um determinado objetivo[15].

As referências que até agora vimos Mauss fazendo envolvem em geral textos do período em que colaborou de perto com Durkheim. Não é de estranhar, portanto, que incorpore quase em estado puro os postulados e o programa científico do fundador[16]. Contudo, os trabalhos do

14 Ibidem, p. 58.
15 Em Gramsci, é possível encontrar indicações no mesmo sentido. Quando se refere ao conceito de classe social, procura distingui-lo do conceito de grupo. Esse último conceito dá conta da classe em si, definida por critérios objetivos independentes da consciência de seus membros. Além de surgir historicamente antes das classes, "sua base é uma 'função essencial', de caráter econômico ou técnico, não só no mundo da produção econômica, mas também na esfera política, cultural e militar". Não fosse tal distinção morfológica, Gramsci sequer poderia pensar sua teoria dos aparelhos ideológicos; a complexidade da divisão do trabalho, ao propiciar aparelhos de produção simbólica dotados de corpos de agentes altamente especializados, lhe permite avaliar o peso específico do campo ideológico na determinação da realidade social. Ver o artigo de Luciano Gallino, Gramsci y las Ciencias Sociales, *Cuadernos de Pasado y Presente*, Córdoba, v. 19, 1970, p. 83.
16 No texto de apresentação das obras de Mauss, Karady sugere que Gurvitch teria apreciado na teoria do "fato social total" os germes de uma teoria sociológica do conhecimento, enquanto que Lévi-Strauss tende a enxergar Mauss como precursor do método estrutural.

último período da sua atividade científica, sem chegarem a rejeitar o legado de Durkheim, introduzem a agenda empalmada pela sociologia de corte estruturalista. Para Lévi-Strauss, o conceito de fato social total deve ser entendido à maneira de uma utopia conceitual, pois permite dar conta das principais dimensões e perspectivas com que se pode apreender o objeto social. De modo esquemático, comportaria as diferentes modalidades do social encaradas do ponto de vista sincrônico – econômico, jurídico, religioso, estético, técnico etc., que correspondem, *grosso modo*, aos diversos perfis institucionais –, mais uma dimensão diacrônica – quer dizer, os diferentes momentos de uma história individual, nascimento, infância, adolescência, morte –, e uma dimensão físico-psicológica, isto é, as diversas formas de expressão, desde os fenômenos de base fisiológica em sua tradução social – reflexos, secreções, técnicas do corpo etc. – até as categorias inconscientes e as representações individuais e coletivas. Tais níveis de apreensão do social devem se soldar em torno de uma experiência concreta, isto é, não apenas uma sociedade localizada no tempo e no espaço, mas também em um indivíduo dessa sociedade. O sentido e a função de uma dada instituição se revelam sob a condição de o investigador captar sua incidência na consciência individual. Esse obriga-se, pois, a averiguar os nexos entre a objetividade da análise histórica ou comparativa com a subjetividade da experiência vivida. Segundo L. Strauss, o psíquico é, ao mesmo tempo, elemento de significação para um simbolismo que o ultrapassa e o único meio de verificação de uma realidade cujos múltiplos aspectos só podem ser captados sob forma de síntese fora dele. O caráter singular do fato social, simultaneamente *coisa* e *representação*, compele o cientista a transitar de uma apreensão externa, objetiva à apreensão subjetiva, por meio da qual ele incorpora a mesma realidade do ângulo em que se encontra o agente individual capaz de vivê-la em seu cotidiano[17].

À primeira vista, não se está longe da postura de Bourdieu ao afirmar que "o princípio da não consciência impõe [...] que se construa o sistema das relações objetivas nas quais os indivíduos se encontram inseridos e que se exprimem de modo mais adequado na economia ou na morfologia dos grupos do que por meio das opiniões e intenções manifestas dos sujeitos". E considera tal exigência tanto como "a condição de captação da verdade objetivada dos sujeitos" como "a condição da compreensão completa da relação vivida que os sujeitos mantêm com sua verdade objetivada em um sistema de relações objetivas"[18]. Trata-se, portanto, de uma reconstrução objetiva a cargo do cientista que inclui a apreensão sistemática e ordenada do que o agente individual lhe transmite. A diferença entre ambos reside no fundamento capaz de justificar essa dupla apreensão. Para Lévi-Strauss, tem-se o inconsciente como campo de conciliação entre o eu e o outro, ao passo que, para Bourdieu, é o princípio de não consciência segundo o qual "existem relações exteriores, necessárias, independentes das vontades individuais e, caso se prefira, inconscientes (mas no sentido de que não se oferecem à mera reflexão), que só podem ser captadas por meio da observação e da experimentação objetivas". Diversamente da ciência natural,

---

[17] "Para compreender convenientemente um fato social, é preciso apreendê-lo totalmente, ou seja, de fora como uma coisa, mas como uma coisa de que faz parte integrante a apreensão subjetiva (consciente e inconsciente), que dela faríamos parte se vivêssemos o fato como indígena em lugar de observá-lo como etnógrafo". C. Lévi-Strauss, Introduction à l'oeuvre de Marcel Mauss, *Sociologie et anthropologie*, Paris: PUF, 1968, p. XXVIII.

[18] P. Bourdieu, *Le Métier de sociologue*, Paris: Mouton/Bordas, 1968, p. 40-41.

"uma antropologia total não pode restringir-se a uma descrição das relações objetivas porque a experiência das significações faz parte da significação total da experiência, e a sociologia menos suspeita de subjetivismo recorre a conceitos intermediários e mediadores entre o subjetivo e o objetivo, como alienação, atitude ou *éthos*"[19].

Sem pretender aqui aprofundar o sentido de sua contribuição como precursor do estruturalismo[20], basta salientar o caráter original da teoria da cultura de Mauss. Desse ângulo, sua obra pulsa na sociologia dos sistemas simbólicos tanto pelos caminhos que abre à análise estrutural – a qual, em parte, Bourdieu se filia – quanto pela caracterização do fato social como algo *arbitrário*, a que se liga uma nova postura perante a história e a etnografia.

> Todos os fenômenos sociais são, em algum grau, obra de vontade coletiva e, quem diz vontade humana, diz escolha entre diferentes opções possíveis [...]. O domínio do social é o domínio da modalidade [...] tudo tem uma forma ao mesmo tempo comum a grandes números de homens e por eles escolhida dentre outras formas possíveis.[21]

E como "o reino do social é o reino do arbitrário", Mauss passa a elaborar uma teoria da cultura infensa à "dupla

---

19 Ibidem, p. 41-42.
20 Como observa Karady, na última fase de sua produção científica, Mauss abandona a preocupação teórica e empírica com a religião e deixa de atribuir um valor heurístico ao estudo dos chamados fatos "primitivos", até então tidos como simples e originais, segundo os ensinamentos de Durkheim. E passa a aderir à "ideia funcionalista de considerar os fatos em sua relação com o conjunto do corpo social de que fazem parte e de compreendê-los a partir de seus usos sociais". Nestas condições, os fatos sociais derivam seu sentido do lugar que ocupam numa totalidade concreta que é a própria sociedade no conjunto de suas instituições. Ver V. Karady, op. cit., p. XLIV.
21 M. Mauss, *Essais de*..., p. 244.

armadilha do determinismo causal e funcionalista"[22], cujo objetivo consiste em tornar as realidades singulares modalidades contingentes de mecanismos de raiz aos quais se chega por meio da análise comparativa. Eis o condão do método estrutural: não cabe mais "partir das formas contingentes e chegar ao tipo, o que não passaria do conjunto dos traços comuns às formas". Antes, "o objetivo da pesquisa consiste em captar as variáveis funcionais que permitem definir cada modalidade enquanto configuração específica e concreta do mecanismo estudado"[23]. Com tal fim em mente, procura-se separar nos fatos sociais as feições contingentes dos traços funcionais estritamente determinados por sua posição no sistema ou na estrutura de que fazem parte.

Tal postura se entrosa, no geral, com o programa heurístico de Bourdieu. A começar, por exemplo, pela sua concepção do campo religioso em termos de um campo de forças, no qual se enfrentam o corpo de agentes especializados (os sacerdotes), os leigos (os grupos sociais cujas demandas por bens de salvação os agentes religiosos procuram atender) e o "profeta", encarnação típica do agente inovador e revolucionário que expressa, mediante um discurso original e uma nova prática, os interesses e as reivindicações de determinados grupos sociais. As posições ocupadas por esses grupos engendram um campo de batalha ideológico, expressão da luta de classes e do processo prevalecente de dominação. O desígnio explicativo consiste em abranger as configurações particulares assumidas pelo campo religioso em diversas formações sociais, tendo como quadro de referência o campo de forças propriamente religiosas no interior do qual se defrontam os representantes religiosos dos grupos dominantes e dominados, e cuja dinâmica depende das transformações pelas quais passa a estrutura

---

22 V. Karady, op. cit., p. xlvi.
23 Ibidem, p. xlvii.

social, seja pelo surgimento de novos grupos com interesses determinados, seja pela ruptura ou crise do sistema de dominação, seja pelas novas alianças entre grupos e/ou frações que detêm o papel hegemônico.

Mas o caráter arbitrário dos fenômenos e dos processos sociais não decorre de suas funções tal como a tradição materialista entende os processos de simbolização; resulta antes de uma opção, da escolha de cada sociedade em face da matriz de modalidades possíveis. Como diz Bourdieu,

> a seleção de significações que define objetivamente a cultura de um grupo ou de uma classe como sistema simbólico é *arbitrária* na medida em que a estrutura e as funções desta cultura não podem ser deduzidas de qualquer princípio universal, físico, biológico ou espiritual, não estando unidas por nenhuma espécie de relação interna com a "natureza das coisas" ou com uma "natureza humana[24].

Ora, a noção de arbitrário não se confunde com a ideia de gratuidade; um determinado sistema simbólico é sociologicamente necessário porque deriva sua existência das condições sociais de que é o produto, e sua inteligibilidade da coerência e das funções da estrutura das relações significantes que o constituem. É por aí que Bourdieu pretende livrar-se da visão puramente sincrônica impregnada pela "amnésia da gênese", ou então, entregue às derivas substancialistas pela noção de inconsciente cultural.

Do ponto de vista expresso por Mauss, o caráter arbitrário do fato social constitui uma qualidade profunda e extensiva: *"Todo fenômeno social* tem na verdade um atributo essencial: seja um símbolo, uma palavra, um instrumento, uma instituição; seja mesmo a língua, e até a ciência mais bem feita; seja ele o instrumento mais bem adaptado aos

---

24 P. Bourdieu, *La Reproduction*, Paris: Minuit, 1970, p. 22.

melhores e mais numerosos fins, seja o mais racional possível, o mais humano, *ele é ainda arbitrário.*"[25]

A ausência de uma indagação explícita e sistemática a respeito do poder explica-se, em parte, pelo fato de que toda modalidade social deve obedecer a certos requisitos e mecanismos responsáveis pelo equilíbrio que ostenta. Cada uma delas deve decidir, por uma escolha no mais das vezes inconsciente, apenas quanto ao tipo, quanto ao perfil singular que deverá atualizar. Importam pouco os pontos internos de conflito e antagonismo, pois os mecanismos integradores propiciam recursos práticos e simbólicos (ritos e mitos) bastante eficazes a ponto de compensar, no plano interno de organização, os desequilíbrios que acaso venham a surgir por conta dos contatos e trocas entre agentes situados em posições sociais assimétricas. Enfim, sendo a modalidade instaurada o produto de uma seleção arbitrária a partir de um fundo comum que inclui todas as alternativas possíveis, inclusive aquelas ainda não atualizadas, o caráter arbitrário de qualquer modalidade possui tamanho poder de inscrever sua marca no mais ínfimo objeto, regra ou valor que, pela mesma razão, logra envolver os agentes em representações, crenças e símbolos concordes com o arbitrário instituído. Sendo assim, a nenhum grupo é dada a possibilidade de enxergar o caráter arbitrário da "ordem social sob pena de infringir os limites e as oposições significantes que delimitam sua operação. A única exceção, de Mauss a Lévi-Strauss, seria o "desviante", capaz de pôr em questão e relativizar as regras sociais vigentes ao nortear seu comportamento e sua *práxis* por uma lógica radicalmente outra e estranha àquela prevalecente no interior do grupo. O que não deixa de constituir uma forma de lidar com o problema do questionamento quanto à validez da

---

25 M. Mauss, Les Civilisations: Éléments et formes, *Essais de sociologie*, p. 244.

ordem vigente. Subsiste, no entanto, a operação persistente de mecanismos fora do alcance e da vontade do agente; não importa quais os conteúdos particulares de que se revestem os sistemas de relações, mas sim apreender a estrutura que os permeia. Eis a nova feição por onde envereda a escola francesa ao fundamentar empiricamente o "cimento integrador do corpo social" que, noutra fase, transparecia pelo primado lógico e cronológico que se conferia à religião. É evidente o parentesco dessas proposições com a solução gestada por Bourdieu ao enfrentar a mesma problemática.

As críticas endereçadas a Lévi-Strauss, bem como as diferenças de postura que delas resultam, são de outra ordem. A incorporação apressada da construção teórica subjacente à linguística de Saussure dispensou, em regra, a reflexão acerca das condições singulares em que operam a antropologia e a sociologia; o partido crítico de Bourdieu mira as condições teóricas em que se assenta tal modelo. De saída, parte-se da suposição de um emissor e um receptor impessoais e intercambiáveis sem levar em conta as propriedades funcionais que cada mensagem deve à sua utilização em uma determinada interação socialmente estruturada. Em outros termos, "as interações simbólicas dependem não apenas da estrutura do grupo no interior da qual se realizam, mas também de estruturas sociais em que se encontram inseridos os agentes em interação, a saber, a estrutura das relações de classe"[26]. Ademais, é insustentável a premissa de que o conhecimento do *código* constitui condição suficiente para que se possam apreender as interações linguísticas de fato realizadas. Assim, "o sentido de um elemento linguístico depende tanto de fatores extralinguísticos como de fatores linguísticos, isto é, do *contexto* e da *situação* em que é empregado", quer dizer, a recepção e

---

26 P. Bourdieu, *Esquisse d'une théorie de la pratique*, Genève: Droz, 1972, p. 168.

a emissão dependem em ampla medida da estrutura objetiva das relações entre as posições objetivas na estrutura social dos agentes em interação[27].

A diferença crucial, no entanto, diz respeito à tendência comum ao estruturalismo linguístico e etnológico ao eliminar da teoria tudo que tenha a ver com a prática, haja vista a incapacidade de pensar a fala a não ser em termos de execução. O caráter puramente negativo da prática suscita implicações graves no que concerne à compreensão das relações entre o modelo e a norma. Segundo Bourdieu, "fazer da *regularidade*, isto é, do que se produz com uma certa *frequência*, estatisticamente mensurável, o produto do *regulamento* conscientemente formulado e conscientemente respeitado [...] ou da *regulação* inconsciente de uma misteriosa mecânica cerebral e/ou social, é o mesmo que passar do modelo da realidade à realidade do modelo"[28]. Eis a raiz mais consistente e original da contribuição de Bourdieu, qual seja; o empenho de pensar a prática como algo distinto da pura execução de uma norma social coletiva e onipotente, algo diverso do produto "pobre" e "menor" de um modelo abrangente ao qual a ciência objetivista confere mais realidade do que à própria realidade. Não caberia, portanto, tomar as práticas e as representações como atualizações mais ou menos deformadas, mais ou menos próximas, do sistema de relações objetivas que o modelo pretende dar conta; cumpre, antes, integrá-las no âmbito mesmo da significação completa do fenômeno a ser explicado.

Por último, o efeito de reificação da teoria se manifesta com vigor no caso de práticas "que se definem pelo fato de que sua estrutura temporal, quer dizer, sua orientação e seu ritmo, é *constitutiva* de seu sentido: toda manipulação desta estrutura, inversão, aceleração ou amortecimento,

27 Ibidem, p. 169.
28 Ibidem, p. 171-172.

exerce sobre elas uma *desestruturação*, irredutível ao efeito de simples mudança de eixo de referência"[29]. Desse modo, a apreensão totalizante aplicada por Lévi-Strauss ao fenômeno da troca tal como aparece formulado em Mauss, omite o caráter *reversível* dessa estrutura impingindo-lhe "uma sucessão objetivamente irreversível". Mas a postura de Bourdieu não deve ser entendida como intento mascarado de revigorar a problemática fenomenológica, a braços com a reconstrução fiel da experiência vivida da prática da troca; na verdade, "o intervalo de tempo que separa o dom e o contradom é o que permite perceber como *irreversível* uma estrutura de troca sempre ameaçada de aparecer [...] como reversível, isto é, ao mesmo tempo, obrigada e interessada"[30]. Em consequência, "a ação do tempo e o tempo da ação" adquirem o estatuto de injunções determinantes na captação das práticas que manipulam a *duração* a fim de dissimular, aos olhos dos próprios agentes, a verdade das práticas "que o etnólogo e seus modelos revelam substituindo pura e simplesmente o esquema que só se efetua em seu tempo e no tempo pelo modelo intemporal"[31].

Daí se explica o uso característico da história e do conhecimento etnográfico, que se tornam instrumentos de controle capazes de impedir a "naturalização" do objeto explicado pela sociologia. Ao afirmar que "a verdade de um fenômeno cultural depende do sistema de relações históricas e sociais nos quais ele se insere"[32], pretende exorcizar os perigos em que incorre a explicação trans-histórica ou transcultural, cujo apego aos traços constantes perde de vista sua especificidade histórica ou a originalidade cultural. Neste ponto, a postura sistêmica não consegue superar algumas

29 Ibidem, p. 222.
30 Ibidem, p. 223.
31 Ibidem.
32 P. Bourdieu, *Le Métier...*, p. 42-53. Sobre o mesmo ponto, ver do autor *La Reproduction*, Paris: Minuit, 1970, p. 22s.

ambiguidades, mormente no tocante ao estatuto explicativo da história. A breve menção a certos instrumentos metodológicos de que se utiliza poderá esclarecer melhor esse aspecto.

Na parte do breviário metodológico dedicada à construção do objeto sociológico, o ponto de partida abriga duas citações que se harmonizam. Começa pela frase de Saussure "o ponto de vista cria o objeto", e prossegue com a de Marx para quem "a totalidade concreta enquanto totalidade pensada, concreto pensado, é na verdade um produto do pensamento, do ato de conceber". Se por acaso prosseguisse citando o texto de Marx, leríamos o seguinte páginas adiante: "até as categorias mais abstratas, apesar de sua validade – precisamente por causa de sua natureza abstrata – para todas as épocas, são, contudo, no que há de determinado nesta abstração, do mesmo modo o produto de condições históricas, e não possuem plena validez senão para estas condições e dentro dos limites destas mesmas condições"[33].

Não estou insinuando que Bourdieu truncou o sentido do texto de Marx, desejo apenas apontar a opção teórica implicada no trecho escolhido. Em outras passagens de seu breviário e, sobretudo, na última obra, inúmeros trechos encaminham o problema de modo distinto[34].

Por outro lado, admita-se, sua noção de modelo requer uma explicação, a um só tempo, sincrônica e diacrônica. No esboço de uma teoria de estratificação, chama atenção para "o sentido diferente que dois elementos semelhantes na

---

33 P. Bourdieu, *Le Métier...*, p. 59. O trecho que citamos foi extraído da tradução de Florestan Fernandes, *Crítica da Economia Política*, São Paulo: Flama, 1946, p. 224. Chamamos de breviário a obra *Le Métier de sociologue*.

34 As inúmeras aproximações da situação social da sociologia nos tempos atuais com os percalços da física, da química, na época em que ainda se encontravam muito dependentes de seu público mundano no século XVIII, ou quando insiste sobre a necessidade da "análise das condições sociais da impregnação de uma ciência pela atmosfera intelectual do tempo [...]". P. Bourdieu, *Le Métier...*, p. 347.

ordem das simultaneidades podem derivar de sua pertinência a sistemas diferentes na ordem da sucessão"[35]. Todavia, em vista da concepção de ciência sociológica herdada da escola francesa, segundo a qual o modelo explicativo se confunde com as exigências suscitadas pela comparação, os demais instrumentos metodológicos encontram-se, como de praxe, nitidamente marcados pelo contexto teórico do qual se originaram. Tais refregas levam Bourdieu a exigir do conceito propriedades contraditórias: por um lado, critica a importação apressada e inconsistente de imagens e vocábulos extraídos do discurso biológico e mecânico; de outro, prega "elasticidade nas definições" e "disponibilidade semântica dos conceitos" como pré-requisitos à invenção sociológica. Afora o fato de haver apostado a fundo na analogia econômica, ao transpor para a análise do campo simbólico o vocabulário desse domínio – capital cultural, bem simbólico, empresa de salvação etc. –, são os alvos explicativos da sociologia sistêmica fundada no método comparativo que, de fato, justificam o instrumental metodológico de que se vale. Sua teoria do conceito estabelece a distinção entre conceitos "operacionais", dotados de rigor analítico e formal, e conceitos "sistêmicos", cujo emprego supõe a referência persistente ao sistema completo de suas inter-relações. Ao trajeto comparativo alia-se o raciocínio analógico – "princípio primeiro da invenção científica"[36] – que manipula os dados supridos pela história e pela etnografia. Eis as razões

---

[35] P. Bourdieu, *Le Métier*..., p. 75. No texto Condição e Posição de Classe, em *A Economia das Trocas Simbólicas* (São Paulo: Perspectiva, 2011, p. 3), Bourdieu expõe com maior precisão o que entende por um corte diacrônico da estratificação social, chamando atenção para as determinações que um dado sistema deriva de sua história passada.

[36] "A analogia é uma forma legítima da comparação e a comparação é o único meio prático de que dispomos para chegar a tornar as coisas inteligíveis". E. Durkheim, Sociologie et philosophie, em P. Bourdieu, *Le Métier*..., p. 78.

que o levam a pulverizar a distinção que estabelecera entre dois tipos de conceitos; o uso que faz do tipo-ideal acaba por esvaziá-lo de seu conteúdo histórico. Tomado na acepção de um paradigma, ou melhor, pura ficção obtida pelo "acentuamento unilateral" das propriedades pertinentes e capaz de exibir em alto grau o maior número de propriedades do objeto construído, o conceito preserva apenas um sentido "residual", cuja inteligibilidade plena exige a remissão ao contexto do discurso teórico original. No entanto, ao operar de maneira paradigmática como um caso teoricamente privilegiado em meio a um grupo de transformações, o conceito se presta a dar conta de agentes que ocupam posição similar em outra formação histórico-social. Nesse quesito, eis a dupla intenção de Bourdieu: conferir limites teoricamente consistentes e rigorosos ao manejo conceitual e rebater o conteúdo histórico retido pela explicação ao âmbito do sistema completo de relações em que se constitui, por exemplo, o campo religioso numa dada formação. A primeira exigência se cumpre ao repor alguma categoria-chave – o conceito weberiano de profeta, por exemplo – na história da própria sociologia. Em resumo, um estratagema no intento de neutralizar a possível carga trans-histórica das categorias usadas pela transparência diacrônica que passam a ostentar se referidas ao contexto teórico original, no caso a sociologia weberiana da religião[37].

Consciente dos perigos formalistas suscitados pelo uso de modelos, Bourdieu enxerga o tipo ideal como "guia para a construção das hipóteses", um constructo a ser confrontado ao real e, não obstante, distinto dos modelos. Logo, em vez de manejar o tipo-ideal "à maneira de uma amostra reveladora que seria suficiente copiar para conhecer a

---

[37] De outro lado, diz Bourdieu, a eficácia e o rigor de um modelo não resultam do simbolismo conceitual e muito menos de uma falsa respeitabilidade teórica, como a que se poderia alcançar através do recurso a conceitos "canônicos" na história da sociologia.

verdade da coleção inteira", melhor acioná-lo como "um elemento de um grupo de transformações referindo-o a todos os casos da família de que ele é um caso privilegiado"[38]. Em resumo, os tipos ideais servem à descrição e construção rigorosas dos sistemas de relações, "um meio privilegiado de compreender a gama das condutas reais que o tipo ideal permite objetivar, objetivando sua distância diferencial para o tipo puro"[39]. De uma perspectiva estritamente metodológica, os postulados durkheimianos se revelam os instrumentos por excelência de sua concepção da ciência sociológica; a começar pelas críticas às pré-noções, ao senso comum, à linguagem cotidiana, passando pela concepção comparativa da explicação científica, até o apelo ao raciocínio analógico e o estatuto peculiar conferido à história e à etnografia.

Seria abusivo mobilizar contra os desígnios de Bourdieu a munição propiciada pela crítica externa, isto é, argumentos derivados de outra tradição teórica, que sem delongas simulam destruir os sistemas de explicação guiados por outra cartilha. Bem mais fecundo, me parece, é o intento de desvelar a coerência interna, as fragilidades, e sobretudo salientar os caminhos abertos à investigação acerca dos campos da realidade aí privilegiados.

---

38 P. Bourdieu, *Le Métier*..., p. 80.
39 Ibidem.

II

> Até agora, o principal defeito do materialismo de todos os filósofos – inclusive o de Feuerbach – é que o objeto, a realidade, o mundo sensível são captados por eles apenas sob a forma de *objeto* ou de intuição, mas não enquanto *prática*, de maneira subjetiva. É o que explica por que o aspecto *ativo* foi desenvolvido pelo idealismo, em oposição ao materialismo – mas somente de maneira abstrata, pois o idealismo não conhece naturalmente a atividade real, concreta, como tal.
>
> KARL MARX, *Teses Sobre Feuerbach*, epígrafe do último texto publicado de Bourdieu.

Em um artigo sintomático da posição assumida pela ciência social norte-americana no tocante aos problemas com os quais se defronta a sociologia do conhecimento e da cultura, Clifford Geertz encara o estudo dos condicionantes sociais da ideologia por meio de dois enfoques: a teoria do interesse e a teoria da tensão. A primeira enxerga a ideologia à luz da luta de classes movidas por interesses antagônicos, algo equivalente, em chave bastante simplificada, à tradição marxista. Todavia, acentua o autor,

> a imagem da sociedade como um campo de batalha, como um choque de interesses tenuamente disfarçados sob a forma de um choque de princípios desvia a atenção do papel que as ideologias desempenham ao definir (ou obscurecer) categorias sociais, estabilizando (ou quebrando) expectativas sociais, mantendo (ou enfraquecendo) normas sociais, fortalecendo (ou debilitando) o consenso social, aliviando (ou exacerbando) tensões sociais[1].

O leitor avisado logo percebe que tais críticas se apoiam no modelo de Parsons, do qual o autor deriva o repertório conceitual. Ele mesmo reconhece, a solução parsoniana, matriz das teorias da tensão, resulta da tentativa de conciliar os nexos entre sistema social e sistema da personalidade, temática canônica pulsante em Durkheim. Define a ideologia como "reação pautada a uma tensão pautada de um papel social", sendo assim capaz de propiciar solução vicária a distúrbios vividos no nível da personalidade, gerados, por sua vez, pelo sistema social.

Daí, a solução prática de Geertz enfatiza "o processo autônomo de formulação simbólica", tendo em vista que ambas as teorias mencionadas "procedem diretamente da análise das fontes para a análise das consequências sem nunca examinar com seriedade as ideologias como sistemas de símbolos inter-relacionados, como pautas de significados interfuncionais"[2]. A questão que o preocupa diz respeito, portanto, à maneira de como os "símbolos simbolizam, de como mediatizam os significados", tópica com lugar de

---

1 Clifford Geertz, La Ideología Como Sistema Cultural, em Eliseo Verón (org.), *El Proceso Ideológico*, Buenos Aires: Editorial Tiempo Contemporáneo, 1971, p. 13-46.
2 Ibidem, p. 28.

peso no programa da semiologia, do estruturalismo e da linguística. Apesar do meu rechaço à tacada simplista de Geertz perante diversas orientações marxistas de análise da cultura, subsiste a necessidade de uma perspectiva de análise aplicável às diversas linguagens simbólicas – desde a própria ação social entendida como uma sequência significante até o discurso científico – e um quadro teórico suficientemente fecundo e capaz de desentranhar os vínculos que prendem os sistemas simbólicos à estrutura social.

Hoje, quando se fala em ideologia no sentido marxista, convém de imediato saber qual a leitura de Marx a guiar os usos do conceito. Entre Gramsci e Adorno, ou então, entre Lukács e Gramsci, os pontos comuns são os que menos contam. A escola de Frankfurt incorpora o legado freudiano e, ademais, teve que enfrentar as agruras impostas pelo nazismo e pelo exílio na América. Por sua vez, o diálogo de Gramsci se consuma primeiro com o idealismo crociano; seu objeto privilegiado de análise inclui tanto o *Risorgimento* como os aparelhos ideológicos na Itália, onde uma igreja internacionalista detém a hegemonia na esfera política e simbólica, ao exercer o quase monopólio da educação e da cultura. Em virtude das condições sociais a presidir a produção intelectual e científica nas sociedades capitalistas, em especial nas ciências humanas, a obra de Marx mais parece o cadáver de Polinice insepulto por ordem das incontáveis revisões que, à maneira de Creonte, obrigam-na ao velório permanente. A coisa chega a ponto de a corrente althusseriana fundar uma igreja pronta a erigir uma teoria maiúscula no intento de resguardar o legado marxista das ideologias rivais. Atuando à maneira de uma Antígona às avessas, enterrou duas vezes o cadáver do irmão; primeiro ao estabelecer a separação radical entre "objeto de pensamento" e "objeto real"; segundo, ao demarcar instâncias que extrapolaram muito além do que rezam os textos da análise dialética. Sem a pretensão de invocar a autoridade da obra de Marx como escudo a encobrir formalizações duvidosas, Bourdieu tampouco pôde se furtar a fazer o próprio deciframento. Se, por um lado, eis os contornos de sua leitura, invoca uma interpretação aparentemente tradicional do texto célebre – a *Introdução a uma Crítica da Economia Política* – que, até tempos recentes, constituiu o fiel da balança nas discussões acerca do método marxista, por outro, assume o corte entre "objeto de pensamento" e "objeto real" que reelabora, como veremos, em termos próprios[3]. Assim, estabelece uma distinção entre as teorias particulares do sistema social – mormente as construídas pelos "fundadores" – e a teoria do conhecimento sociológico. Esta última vem a ser, ao mesmo tempo, uma epistemologia na medida do possível isenta dos estereótipos tradicionais no tocante à irredutibilidade das ciências humanas, e uma análise das condições sócio-históricas que presidem à produção das obras sociológicas. Sem incorrer no erro de fundar uma "lógica anterior e exterior à história da ciência", como os que pretendem instituir por um ato de vontade e/ou invenção as teorias "maiúsculas" e "totalizantes", Bourdieu se esforça em reconciliar tradições teóricas cujas oposições e diferenças derivam da realidade social das quais são o produto[4].

---

3   Antes, já fizemos alusão a essa distinção, tentando mostrar as implicações teóricas do trecho citado por Bourdieu. Certamente, a leitura dos Grundisse, recentemente publicada em espanhol e francês, deverá reabrir com elementos novos os debates em torno do método marxista. No Brasil, conhecemos três textos críticos do modelo althusseriano, todos empenhados em "dedar" o rigor formalista e idealista subjacente às principais formulações daquele grupo: José Arthur Gianotti, Contra Althusser, *Teoria e Prática*, 3, abr. 1968; Fernando Henrique Cardoso, *Althusserianismo ou Marxismo: A Propósito do Conceito de Classes em Poulantzas*, Mérida, 1971; Miriam Limoeiro Cardoso, A Ideologia Como Problema Teórico, capítulo 2 de sua tese de doutoramento, *Ideologia do Desenvolvimento*, Brasil: JK-JQ, Universidade de São Paulo, 1972.

4   Ver os trabalhos de Victor Karady a respeito do ambiente social e intelectual francês na segunda metade do século XIX.v. Karady, ▶

Deixando de lado por ora as críticas ao esquema althusseriano mais tarde remanejado por Poulantzas em pontos essenciais, a leitura de Bourdieu esposa a metáfora espacial – a estrutura econômica como base e as formas de consciência social ou representações ideológicas como superestruturas. O que estaria em sintonia com os que voltam a insistir quanto à validade da leitura colada ao texto de Marx: aí não se trata em definitivo de atribuir um domínio de realidade ao econômico, outro ao político e um terceiro ao ideológico. Pelo contrário, Marx refere-se às "formas jurídicas, políticas, religiosas, artísticas ou filosóficas, em resumo, as formas ideológicas em que os homens tomam consciência desse conflito e lutam para resolvê-lo". Ao que parece, portanto, a significação estrita do texto de Marx não contempla a distinção entre níveis ou estruturas; está em jogo uma concepção das superestruturas a envolver o político e as diversas manifestações ideológicas, determinadas pela base econômica, definida como o conjunto das relações de produção[5]. O saldo consiste, pois, na ênfase dos liames entre a base econômica – a estrutura – e as formas de consciência social – as superestruturas. Ao abdicar da discussão ociosa a respeito de conceitos práticos e de conceitos ditos teóricos, dos quais a corrente althusseriana deriva certa postura epistemológica, a rigor Marx se apoia na ideia de totalidade articulada por dois termos, a saber, a estrutura econômica a determinar o grau de autonomia relativa de que dispõem as formas ideológicas. Por conseguinte, a metáfora do "edifício social" não tem nada de gratuito; sinaliza as esferas da

---

▷ Normaliens et autres enseignants à la Belle Époque. Note sur l'origine: Et la réussite dans une profession intellectuelle, *Revue Française de Sociologie*, v. XII, n. 1, 1972.

[5] "Sendo assim, o sinal da indicação não seria na direção da pluralidade das instâncias, mas da dominação que as perpassa, que não é algo que se acrescenta à multiplicidade das instâncias, mas algo que é fundamental para defini-la." M. Limoeiro Cardoso, op. cit., p. 27.

realidade dotadas de certo grau de autonomia e estipula a maneira rigorosa de enfrentar o imbróglio da determinação. Destarte, "ficam, pois, esboçados, embora não mais do que esboçados, a determinação do econômico, a autonomia relativa e a ação de retorno da superestrutura à base"[6]. Segundo F.H. Cardoso, "o horror à problemática do sujeito" e o temor de retomar a lógica hegeliana suscitam uma imagem da sociedade essencialmente estática, na qual, com base na distinção entre relações de estrutura e relações sociais, os agentes da produção são definidos como "suportes" de estruturas; equivale a cindir a realidade social entre o domínio das estruturas e o das práticas.

Qual a postura a permitir a Bourdieu recuperar a tradição materialista do marxismo na linha epistemológica do positivismo francês, tão marcado nos últimos tempos pelo estruturalismo? Tudo se passa como se uma determinada formação social estivesse fundada numa divisão social do trabalho cujos agentes, instituições, práticas e produtos circulam no âmbito de um mercado material e de um mercado simbólico fundamente imbricados.

O arremate do texto a intitular sua obra recém-publicada[7] se move em duplo registro: de um lado, a crítica implacável aos que impingem as categorias da análise econômica válidas no sistema capitalista ao estudo das economias "arcaicas", sem levar em conta o engate entre a prática econômica e as demais práticas sociais aí vigentes; de outro, contudo, o desnudamento das premissas históricas que validam sua concepção da estrutura social. Assim, o traço distintivo da economia "arcaica" consiste no estado de indiferenciação entre o trabalho produtivo e o trabalho improdutivo, entre o trabalho rentável e o não rentável, pois

6   Ibidem, p. 32.
7   Referimo-nos ao texto "Esquisse d'une théorie de la pratique", segunda parte do livro, op. cit., p. 153-267.

ela só conhece a oposição entre quem comete a falta por não cumprir o dever social e o trabalhador que leva a cabo sua função própria, socialmente definida, qualquer que seja o produto desse esforço. A oposição entre o tempo de trabalho propriamente dito e o tempo de produção, "princípio de estruturação de toda a atividade técnica e ritual (e por aí, de toda a visão do mundo)"[8], *aparece socialmente reprimida* a ponto de nublar qualquer estimativa acerca da eficácia técnica ou da rentabilidade econômica. Em suma, não havendo lugar em tal formação, para quaisquer distinções entre atividades "técnicas" economicamente rentáveis e atividades puramente "simbólicas", elas só poderiam emergir por meio de categorias alheias à experiência do camponês e, por conseguinte, do influxo exercido pela dominação econômica e pela generalização das trocas monetárias.

De tal visada, Bourdieu deriva os fundamentos lógicos da distinção teórica capital pulsante no objeto que constrói – mercado material e mercado simbólico – do processo mesmo da divisão e separação do trabalho. As mesmas condições sociais responsáveis pela separação e pela divisão do trabalho simbólico, o qual adquire características singulares (afora os traços comuns partilhados com a produção em geral), engendram a constituição de teorias puras cuja emergência se apoia na omissão do questionamento acerca das condições subjacentes à divisão geral do trabalho. Parece, assim, haver encontrado a saída ao dilema suscitado pela distinção entre "objeto de conhecimento" e "objeto real", ao exigir a reflexão a respeito da prática subjetiva, incluindo a prática teórica, cujo modo de operação e cujos resultados se ligam diretamente às "condições de possibilidade teóricas e sociais da apreensão objetiva e, ao mesmo tempo, dos limites deste modo de conhecimento"[9]. A questão ora

---

8 P. Bourdieu, *Esquisse...*, p. 233s.
9 Ibidem, p. 156.

pertinente incide sobre as condições sociais necessárias a permitir que uma categoria particular de agentes possa exercer uma atividade de feição teórica. Ou melhor, dizia Comte, ao contrário dos proletários, "operadores diretos", "os únicos diretamente às voltas com a natureza" e por esse motivo predispostos ao espírito positivo, os burgueses "se ligam sobretudo com a sociedade" e pensam adotando olimpicamente seu ponto de vista[10]. De fato, o trabalho teórico não é senão "a experiência de um mundo social sobre o qual pode-se agir, de maneira quase mágica, por signos – palavras ou dinheiro – quer dizer, pela mediação do trabalho de outro [...]"[11]. A atividade teórica repousa, pois, no *privilégio*, e quando se omite tal fundamento, tende-se a omitir a questão das condições sociais de possibilidade da teoria. Não fosse assim, toda "teoria pura" deixaria de sê-lo no momento em que deixasse operar as determinações exercidas pela divisão social do trabalho, cuja denegação é o que lhe dá existência.

Nessa toada, justifica-se a ambição de sua teoria regional dos fatos simbólicos pelo empenho em enxergá-los no processo pelo qual se constitui a divisão do trabalho simbólico, cujos aparelhos, agentes, produtos e representações, correspondem aos domínios da realidade em vias de autonomização. Sem dúvida, perpassa tal concepção a ideia de um estado "arcaico" indiferenciado, onde não se consegue distinguir o trabalho econômico do trabalho simbólico, fato atestado pelo léxico e pelas categorias do pensamento "arcaico". Ao cabo de um processo complexo de divisão do trabalho, sucede o reparte entre mercado material e mercado simbólico, entre trabalho material e trabalho simbólico, entre empresa de bens econômicos e empresa de bens simbólicos,

---

10 A. Comte, Discours sur l'esprit positif apud Bourdieu, *Esquisse...*, p. 158.
11 P. Bourdieu, *Esquisse...*, p. 158.

entre lucro econômico e lucro simbólico, entre empresário econômico e empresário de bens de salvação, entre capital econômico e capital simbólico, e assim por diante, ressoando no conjunto do léxico conceitual a dar conta da organização interna do campo simbólico.

Uma vez revelada a economia em sua verdade objetiva, enquanto domínio autônomo da realidade, a tarefa de dissimulação e transfiguração das relações de classe – até então cumprida de outro modo, segundo um outro ritmo – passa a requerer um trabalho institucionalmente organizado por parte das diversas instâncias do campo simbólico. Finda "a idolatria da natureza" a bloquear a gestação da natureza como matéria-prima e a gênese da ação humana como *trabalho*, eis as condições propícias a atribuir a função de dissimulação das relações sociais a empresas simbólicas que dispõem, a serviço de uma atividade continuada, de um corpo de agentes treinados, dotados de competência estrita, cujo trabalho se volta à produção de bens vocacionados, em última análise, a "naturalizar", "eternizar", "consagrar" e "legitimar" a ordem vigente. Tal ordem consiste num sistema de relações objetivas fundado na fatura de bens econômicos e simbólicos cuja distribuição desigual resulta do passivo de lutas entre os grupos e/ou as classes.

Quando a descoberta do trabalho engendra o "solo comum da produção" e o "desencantamento de um mundo natural doravante reduzido à sua única dimensão econômica", "as atividades mais sagradas encontram-se negativamente constituídas como *simbólicas*, [...] destituídas de efeito concreto e material, em suma *gratuitas*, vale dizer, desinteressadas, mas inúteis"[12]. Conforme recomenda Marx, seria descabido invocar a "definição restrita do interesse econômico" no intento de dar conta das economias "arcaicas"; como se sabe, as categorias teóricas da análise

---

12   P. Bourdieu, *Esquisse...*, p. 234.

econômica constituem, em forma acabada, um produto histórico do capitalismo.

E o mesmo processo a engendrar domínios relativamente autônomos da prática – ensino, indústria cultural, direito, religião etc. – acaba por constituir um princípio de diferenciação, e a distinguir o capital econômico do capital simbólico. Bourdieu recusa o materialismo redutor e a separação em que se apoia, qual seja a

> dicotomia do econômico e do não econômico que impede apreender a ciência das práticas econômicas como um caso particular de uma *ciência geral da economia das práticas*, capaz de tratar todas as práticas, inclusive aquelas que se pretendem desinteressadas ou gratuitas, e destarte libertas da economia, como práticas econômicas, orientadas para a maximização do lucro, material ou simbólico[13].

Eis o ponto de vista da reprodução que requer um modelo dinâmico, de tipo gerativo, capaz de correlacionar o domínio das estruturas ao das práticas por meio do *habitus*. O modo de conhecimento praxeológico

> tem por objeto não apenas o sistema das relações objetivas que o modo de conhecimento objetivista constrói, mas também as relações *dialéticas* entre estas estruturas objetivas e as *disposições* estruturadas pelas quais elas se atualizam e que tendem a reproduzi-las, vale dizer, o duplo processo de interiorização da exterioridade e de exteriorização da interioridade [...][14].

Nesse sentido, a incapacidade de pensar a prática como algo distinto da pura execução impede sua incorporação à teoria, fazendo com que a orientação objetivista transforme em entelequias os objetos construídos pela ciência – "classes

13 Ibidem, p. 239-240.
14 Ibidem, p. 163.

sociais", "estruturas", "cultura", "modos de produção" etc. –, impingindo-lhe uma eficácia social que dispensa os sujeitos concretos responsáveis pelas ações históricas. Sucede aí inusitada coincidência entre o formalismo althusseriano e a hermenêutica estruturalista. Ao privilegiar a realidade do modelo em detrimento do modelo da realidade, ambas vertentes só conseguem pensar a *práxis* social em termos de atualização mais ou menos encadeada ao sistema de relações erigido no plano teórico. No transe, o modelo da realidade não retém os processos sucedidos no tempo da história coletiva e tampouco admite que o processo real pode transformar a lógica provisória com que opera a ciência. Tais passos acabam omitindo o influxo recorrente que a *práxis* social, em quaisquer modalidades, infunde ao processo de conhecimento.

A filiação do objetivismo althusseriano à postura canônica de Durkheim[15] verifica-se também por meio da tendência à *personificação dos coletivos* em frases do tipo "a burguesia pensa que...", "a classe operária não aceita que...", como que supondo a existência de uma "consciência coletiva" de grupo e/ou de classe. Como diz Bourdieu,

> atribuindo aos grupos ou às instituições disposições que só podem se constituir nas consciências individuais, ainda que sejam o produto de condições coletivas, como por exemplo, *a tomada de consciência* dos interesses de classe, deixa-se de lado a análise de tais condições e, em particular, as que determinam o grau de homogeneidade objetiva e subjetiva do grupo considerado e o grau de consciência de seus membros[16].

Nesse passo, Bourdieu rechaça a teoria da ação enquanto mera execução do modelo (no duplo sentido de norma e

---

15 Ver o texto citado de Gianotti, um dos muitos que fazem essa aproximação, a nosso ver, inteiramente fundada.
16 P. Bourdieu, *Esquisse...*, p. 174.

de construção científica) e adere à sentença de Marx para quem "as coisas da lógica não devem ser tomadas pela lógica das coisas".

A passagem das estruturas constitutivas de um tipo singular de contexto ao domínio das práticas e representações faz intervir a mediação exercida pelo *habitus*,

> sistemas de *disposições* duráveis, estruturas estruturadas predispostas a funcionar como estruturas estruturantes, quer dizer, enquanto princípio de geração e de estruturação de práticas e de representações que podem ser objetivamente "reguladas" e "regulares" sem que, por isso, sejam o produto da obediência a regras, objetivamente adaptadas a seu objetivo sem supor a visada consciente dos fins e o domínio expresso das operações necessárias para atingi-las e, por serem tudo isso, coletivamente orquestradas sem serem o produto da ação combinada de um maestro[17].

As práticas resultam da relação dialética entre uma *estrutura* – por intermédio do *habitus* como *modus operandi* – e uma *conjuntura* entendida como as condições de atualização desse *habitus*, que não passa de um estado particular da estrutura. Por sua vez, o *habitus* deve ser encarado como

> um sistema de disposições duráveis e transferíveis que, integrando todas as experiências passadas, funciona a cada momento como uma matriz de percepções, apreciações e ações, e torna possível a realização de tarefas infinitamente diferenciadas, graças às transferências analógicas de esquemas que permitem resolver os problemas da mesma forma e graças às correções incessantes dos resultados obtidos, dialeticamente produzidas por estes resultados[18].

Com efeito, o *habitus* constitui um princípio gerador que impõe um esquema durável e bastante flexível a ponto de

17 Ibidem, p. 175.
18 Ibidem, p. 178-179.

possibilitar improvisações reguladas. Dito de outro modo, o *habitus* tende, ao mesmo tempo, a reproduzir as regularidades inscritas nas condições objetivas e estruturais que presidem a seu princípio gerador, e a permitir ajustamentos e inovações às exigências postas pelas situações concretas que testam sua eficácia. A mediação operada pelo *habitus* entre, de um lado, as estruturas e suas condições objetivas, e de outro, as situações conjunturais com as práticas por elas exigidas, acabam por conferir à *práxis* social um espaço de liberdade que, embora restrito e mensurável, pois obedece aos limites impostos pelas condições objetivas a partir das quais se constitui e se expressa, encerra as potencialidades objetivas de inovação e transformação. O *habitus* vem a ser, portanto, um princípio operador que leva a cabo a interação entre dois sistemas de relações, as estruturas objetivas e as práticas. O *habitus* propicia a interiorização de estruturas exteriores; as práticas dos agentes exteriorizam os sistemas de disposições incorporadas.

A ausência de um princípio de mediação como o *habitus* baliza as representações artificialistas da ação coletiva, tanto as que reconhecem a decisão consciente e meditada como princípio unificador da ação ordinária ou extraordinária de um grupo ou de uma classe, como os que tornam "a tomada de consciência uma espécie de *cogito* revolucionário, o único capaz de dar existência ao constituí-la como *classe para si*"[19]. Para Bourdieu, o *habitus* constitui o fundamento sólido e bem dissimulado da integração dos grupos ou das classes; o reverso dessa postura seria omitir "a questão das condições econômicas e sociais da tomada de consciência" dessas mesmas condições, passo compulsório dos que entendem a ação revolucionária – Sartre, por exemplo – como ato absoluto de doação de sentido, uma "invenção" ou uma conversão, ou então, dos que confiam

19 Ibidem, p. 180.

"à iniciativa absoluta dos 'agentes históricos', individuais ou coletivos, como o 'Partido' [...] a tarefa indefinida de arrancar o todo social, ou a classe, da inércia do 'prático-inerte'"[20]. Nessa diretriz, o *habitus* configura o terreno comum em meio ao qual se desenvolvem os empreendimentos de mobilização coletiva cujo êxito depende forçosamente de um certo grau de coincidência e de acordo entre as disposições dos agentes mobilizadores e as disposições dos grupos ou classes cujas aspirações, reivindicações e interesses, os primeiros empalmam e expressam consoante uma conduta exemplar ajustada às exigências do *habitus* e enunciando um discurso "novo" ao reelaborar o código comum a cimentar tal aliança.

Também se pode entender o *habitus* em termos de recuperação "controlada" do conceito de consciência de classe. Primeiro, em virtude da ênfase conferida ao domínio das práticas em que se constituem os empreendimentos de mobilização conducentes à transformação social em momentos de crise econômica ou conflito político. Segundo, pelo fato de o *habitus* enquanto *modus operandi* e condição primeira de toda objetivação exigir, da parte dos grupos e/ou das classes de agentes, um mínimo de controle e domínio de um código comum, mesmo em um registro não consciente. Ou melhor, o *habitus* comporta o conjunto de esquemas implantados desde a primeira educação familiar, repostos e reatualizados ao longo da trajetória social, os quais demarcam os limites à consciência possível de ser mobilizada pelos grupos e/ou classes; tais esquemas são responsáveis, em última instância, pelo campo de sentido no qual operam as relações de força. Ao extravasar a órbita da "comunicação das consciências", os grupos e/ou as classes partilham inúmeras competências que engendram seu capital cultural, matriz a pautar as

20 Ibidem, p. 249.

trajetórias possíveis e potenciais das práticas. Eis o único processo, no entender de Bourdieu, capaz de explicar o grau de acordo efetivo pelo qual se revestem as práticas de um mesmo grupo e/ou classe "dotadas de um sentido objetivo a um só tempo unitário e sistemático, que transcende as intenções subjetivas e os projetos conscientes, individuais ou coletivos"[21]. Ora, quaisquer tipos de interação entre grupos e/ou classes encontram-se definidos pela *estrutura objetiva* da relação entre os grupos envolvidos, antes mesmo que suas práticas respondam à *situação conjuntural*. Em consequência, as ações coletivas de um grupo ou de uma classe emergem como produto de uma conjuntura, a saber, da confluência necessária de disposições e de um acontecimento objetivo; a "tomada de consciência" requer uma categoria determinada de disposições e a posse, direta ou mediata, de um discurso apto a assegurar o "domínio simbólico dos princípios praticamente dominados do *habitus* de classe"[22]. Mediante tal relação dialética, configura-se a conjuntura capaz de transformar em ação coletiva os princípios objetivamente coordenados por estarem associados a necessidades objetivas parcial ou totalmente idênticas, quer dizer, engendradas pelas bases econômicas de uma dada formação social.

O passo seguinte consiste em reconhecer os portadores do *habitus*, na acepção de uma competência adquirida junto a um grupo e/ou classe homogêneo, portadores capazes de atualizá-lo e expressá-lo por meio de suas práticas. Pelo descarte de estruturas como "sujeitos" que delimitam, de antemão, o âmbito destinado à *práxis* dos agentes, cabe apenas recorrer às "pessoas sociais" que constituem grupos e/ou classes em virtude de uma posição presente e passada na estrutura social. Manejados quase sempre de modo

---

21 Ibidem, p. 183.
22 Ibidem, p. 185.

alternativo nos escritos teóricos, os conceitos de *grupo* e de *classe* derivam das premissas nas quais assenta tal concepção. Como se sabe, a ideia de um processo histórico responsável pela autonomização de domínios da realidade social – cujo resultado são campos mais ou menos institucionalizados no interior da esfera simbólica a qual, por sua vez, passa a distinguir-se da atividade econômica como um campo autônomo – converte os corpos de agentes dedicados às atividades simbólicas (os sacerdotes, os empresários da indústria cultural, os artistas etc.) em *grupos* cujo trabalho lhes permite fazer valer seus interesses no campo das relações de classe. E a sua contribuição à reprodução das relações de força e de sentido entre as classes lhes propicia certa margem de autonomia. Por essa razão, não convém enxergar tais interesses segundo a ótica redutora que equaliza sem mais quaisquer reivindicações ao lhes atribuir o estatuto falseado de elementos de *classe*. Assim, cumpre levar às últimas consequências a distinção entre o campo das relações de classe e o campo das relações entre os diversos grupos a ocupar uma determinada posição na divisão do trabalho simbólico. Dito de outro modo, a visada de estratificação social de corte weberiano reelaborada por Bourdieu se nutre da ideia fecunda – pulsante em Weber e Gramsci – segundo a qual os diversos campos de produção simbólica derivam sua margem de autonomia do trabalho específico realizado por grupos de agentes especialmente treinados, "funcionários" que, a despeito de atender aos interesses materiais e ideais das classes, não podem ser enquadrados numa definição restrita de classe, tal como receitam as vulgatas do marxismo, e por essa razão não destoam do conceito gramsciano de *grupo social*. O sentido rigoroso do texto-epígrafe de Gramsci realça o fato de que as distinções e divisões ideológicas se devem a "necessidades internas de caráter organizativo, isto é, […] à necessidade de dar coerência a um partido, a um grupo, a uma sociedade"[23]. Em suma, o contencioso na base das lutas ideológicas entre as diversas igrejas, por exemplo, explica-se em larga medida pelas respectivas necessidades internas de organização e pelos interesses de seus agentes em preservar ou alcançar uma posição hegemônica.

Enraizada no processo histórico do capitalismo, entende-se a distinção entre mercado material e mercado simbólico em chave de uma leitura funcionalista do marxismo, tal como afirma Poulantzas, pelo fato de propiciar a rediscussão do historicismo. Em suas palavras, "esta interpretação funcionalista (refere-se a Bourdieu) define a formação social enquanto sistema de estruturas apenas como quadro referencial, objeto de um exame estático, estando o elemento dinâmico-diacrônico deste sistema representado pela 'luta de classes'"[24]. A menos que se dispense uma teoria da *práxis* social no marxismo, e se elimine sem dó quaisquer tópicos da problemática historicista – desde a indagação a respeito do "sujeito" até o enigma da transformação social – projeto em parte negado em texto do autor[25], não vejo como escapar de uma concepção do marxismo, pasmem, bem próxima da linguística estrutural no vezo de encarar a prática apenas no registro da mera *execução*. Eis como sucede tal sintonia.

Detalhe-se, de início, a noção de prática em geral conforme o sentido que lhe atribui a corrente althusseriana: "todo processo de transformação de uma matéria-prima determinada em um produto determinado, transformação

23 A. Gramsci, *Concepção Dialética da História*, p. 118.
24 N. Poulantzas, *Pouvoir politique et classes sociales*, Paris: Maspero, 1971, p. 61.
25 A conceituação de classe social em Poulantzas sofreu modificações de peso no trabalho recente *Les Classes sociales*, J.R.F.E.D., onde afirma, por exemplo: "Produção, nestas sociedades, significa ao mesmo tempo, e num mesmo movimento, divisão em classes, exploração e luta de classes", p. 6.

que se efetua mediante um trabalho humano determinado e que utiliza meios de produção determinados"[26]. A prática política seria o processo de transformação de relações sociais dadas em novas relações sociais produzidas mediante certos instrumentos políticos; a prática ideológica constituiria a transformação de dada "consciência" em uma nova "consciência" produzida mediante a reflexão da consciência sobre si mesma. Desde logo, ainda no plano das práticas, pode-se constatar o modo singular com que se encara a relação entre as diferentes instâncias, tratadas como "diferentes traduções da mesma frase", o que permite, através do linguajar da "articulação", recuperar qualquer instância a partir de uma delas. Ora, o princípio de transformação das estruturas se transmuta, como diz Bourdieu, em partenogênese teórica.

De outro lado, a prática política e a prática ideológica acham-se estreitamente imbricadas, pois o *discurso* constitui, na fórmula althusseriana, o instrumento de expressão e transformação da prática política. As ideologias seriam as formas de produção política, e sem elas não poderia haver uma prática política, a qual remete às ideologias mediante as quais ela se expressa e concretiza sua existência. Por enquanto, à primeira vista, não estamos longe da posição de Bourdieu para quem não existem puras relações de força. Ademais,

> uma vez que a exigência social se formula através delas (ideologias) dentro da prática política, compreende-se que tais ideologias não tenham de modo algum o caráter flutuante e inessencial de uma *nuvem*, à exemplo daquelas vigentes na prática técnica, mas sim a robustez do *cimento* que mantém o todo em seu lugar [...]. Na prática política, *a ideologia é o poder que trabalha*[27].

26 Louis Althusser, Sur la dialectique matérialiste, *Pour Marx*, Paris: Maspero, 1966, p. 167s.
27 Thomas Herbert, Reflexiones sobre la Situación Teórica de las Ciencias Sociales y de la Psicología Social en Particular, em Eliseo Verón (org.), *El Proceso Ideológico*, Buenos Aires: Tiempo Contemporáneo, 1971, p. 209.

Afora o apelo explícito à concepção de Gramsci – sem dúvida uma contribuição de peso à sociologia dos intelectuais e da cultura –, cumpre evocar o liame à postura weberiana, voltada à análise da *demanda* advinda das relações sociais. Se produzir significa produzir para alguém, "a demanda que emana das relações sociais determina a produção do objeto e a maneira em que será consumido"[28]. Ao menos os autores até agora mencionados estariam de acordo nesse quesito. No entanto, na visada da corrente althusseriana, a prática ideológica enseja o meio de reformular a demanda social, tarefa cumprida mediante um *discurso*. Nas palavras de Herbert, as práticas ideológicas que "aderem à prática política, 'parecem' ter a função de *anular uma distância, produzindo-a*", ou seja, ao produzir um sistema simbólico, uma linguagem e um discurso que restituem a demanda social – a luta de classes – pela senda do encobrimento, da dissimulação, da transfiguração. Assim, no âmbito da prática política, cabe à ideologia suprir uma realidade expressiva: primeiro, ao sujeitar as relações sociais vigentes em uma dada formação ao travestimento que acaba por desfigurá-las; ato contínuo, ao propiciar os sistemas algo articulados de respostas com que a ideologia dominante sacia a demanda dos dominados. Em suma, a ideologia constitui uma prática no sentido estrito de transformar as *relações sociais* entre os homens (matéria-prima do trabalho ideológico) em um *discurso* (sistema articulado), sob a forma do mito (na linha de Sorel via Gramsci), sob a roupagem de um sistema. As práticas ideológicas a funcionar "produzindo a resposta a sua própria demanda – isto é, fabricando um 'produto' sob a forma de um discurso", "têm a função de transformar as relações sociais no bojo da prática social, de modo a sustar a mudança da estrutura global"[29].

---

28 Ibidem, p. 208.
29 Ibidem, p. 209.

A despeito dos pontos comuns a incitar nexos entre certas posições dos althusserianos e a concepção de Bourdieu – os quais se explicam em parte pela emergência no mesmo campo intelectual –, as divergências me parecem bem mais relevantes. A começar pela noção de *ideologia* de valência bem restrita na obra de Bourdieu: termo reservado às produções eruditas de um corpo de agentes profissionais, como por exemplo, as ideologias teológicas de um corpo de sacerdotes. Ato subsequente, Bourdieu distingue entre os esquemas geradores das práticas – "cultura, competência cultural, ou então, para evitar equívocos, *habitus*"[30] – e as representações que as envolvem. O *habitus* transita entre as estruturas e as práticas, enquanto sistema de estruturas interiorizadas e "condição de toda objetivação". O *habitus* engendra a matriz a dar conta das profusas estruturações e remanejamentos por que passam as diversas modalidades de experiências determinadas dos agentes no curso da vida. O *habitus* adquirido por meio da inculcação familiar pauta o manejo das experiências escolares; o *habitus* recalibrado pela ação escolar constitui o princípio de estruturação das experiências ulteriores, desde a recepção das mensagens elaboradas pela indústria cultural até as experiências profissionais. O objeto de análise não se restringe apenas às práticas dos grupos, mas abarca os princípios de produção de tais práticas, o *habitus* de classe e os princípios de produção de tal *éthos*, a saber, as condições materiais de existência. Afinal, o problema consiste em captar o processo pelo qual as estruturas produzem os *habitus* tendentes a reproduzi-las, ou melhor, produzem agentes dotados do sistema de disposições conducentes a estratégias propícias, por sua vez, a reproduzir o sistema das relações entre os grupos e/ou as classes.

---

30 P. Bourdieu, *Esquisse...*, p. 255.

Com tal desígnio, Bourdieu concebeu um modelo gerativo por meio do qual restitui a trajetória típica das diversas classes do ângulo de reprodução de seu *éthos*, e por conseguinte, de seu capital econômico e simbólico. Logo, os conceitos propensos a espelhar tal processo guardam uma dimensão temporal explícita: hereditariedade cultural, futuro de classe, carreira, trajetória social, duração estrutural, geração social, biografia construída etc. Em chave descritiva, eis o esquema gerativo atinente ao sistema de determinações da carreira escolar: a. largada do processo de reprodução – as classes definidas por morfologia adensada de traços econômicos, sociais, culturais e demográficas, dotadas de um *éthos* e de certo montante de capital econômico e cultural; b. as diversas etapas do sistema escolar – primário, secundário, superior etc. – pontuam as probabilidades objetivas ao alcance de cada classe ou fração de classe, e mobilizam, ao longo do processo, o aparelho de produção simbólica – no caso, o sistema de ensino – a exercer o rebote do sistema de determinações ligadas à classe de origem conforme o peso diferente de que se reveste um dado fator confrontado à estrutura dos fatores realçados pelo modelo no curso do itinerário; c. o processo de rearranjo interno ao sistema de ensino, vale dizer, o peso progressivo das constrições escolares impostas pelo ascenso às etapas mais elevadas e prestigiosas do *cursus*; d. o desfecho do processo de reprodução ao estabelecer as margens de manejo à rentabilização profissional das qualificações auferidas no sistema escolar. Trata-se, pois, de uma peleja com lucros e perdas, no curso da qual os grupos e/ou as classes lutam para conservar ou melhorar a posição relativa na hierarquia (e o montante de capital econômico e cultural inerente à posição), ou então, para manter ou reaprumar o sentido de sua trajetória. Mesmo sob risco de uma leitura apressada, o desfecho do rearranjo incessante da competência incorporada, tal como emerge congelado no modelo fabricado pelo observador, espelha apenas a tessitura conjuntural na qual está imerso o campo das relações de classe em determinada formação.

O trabalho de conversão das relações sociais em ideologias está embutido no plano dos discursos, mas também envolve a etiqueta, os sinais de respeito, em suma, o campo inteiro do *taken for granted*: "os atos aparentemente mais insignificantes da vida cotidiana, os atos que a educação e as estratégias de inculcação reduzem ao estado de automatismos, eis os princípios fundamentais de um arbitrário cultural e de uma ordem política que se impõem segundo a modalidade do evidente [...]"[31]. Logo, não se justifica conferir eficácia especial ao discurso, tampouco aí debruçar-se e lhe aplicar a lógica de mecanismos construídos à imagem das exegeses eruditas, cujos resultados apresentam taxas elevadas de redundância. Não custa fazer meia volta às propostas da corrente althusseriana.

A rigor, Althusser transfere ao o plano da produção ideológica o combo passível de ser aplicado a qualquer outro tipo de prática, sempre o efeito combinado de instâncias articuladas. Trata-se da mescla específica do objeto (matéria-prima), do instrumento e da força de trabalho que, em cada caso, arma-se de conceitos operatórios adequados. Por exemplo, o discurso elaborado pelas ciências sociais produz um resultado que constitui "a realização técnica do 'real' sob a égide de uma ideologia de forma técnico-empírica a assegurar o sentido do objeto produzido"[32], desde as ideologias das relações humanas na empresa até as teorias da administração. Já o núcleo da forma empirista da ideologia reside na "produção" de um ajuste entre uma "significação" e a "realidade" correspondente. Em tais

---

31 P. Bourdieu, *Esquisse...*, p. 199.
32 Thomas Herbert, Notas para una Teoría General de las Ideologías, *El Proceso Ideológico*, p. 230.

condições, o cerne de um discurso ideológico é "a coerência das relações sociais de produção com base no modelo de um discurso articulado que deixa transparecer a lei do ajuste dos sujeitos entre si"[33]. Dito de outro modo, transforma as relações sociais elidindo os conflitos e ajustando os agentes às respectivas posições, e atribui o fundamento de tais relações a entidades – a divindade, no caso do discurso religioso – e planos em meio aos quais os agentes acabam "igualados" e "reconciliados". Todavia, eis o que de fato importa nos trabalhos desse grupo: a montagem de um esquema analítico tido como adequado à análise dos produtos ideológicos, ou melhor, dos discursos. Distingue-se a forma empírica da forma especulativa de ideologia; a primeira consiste na relação entre uma "significação" e uma "realidade"; a segunda concerne ao engate de significações sob a modalidade genérica do discurso. A primeira cumpre, ainda, uma função semântica, a saber, a coincidência entre significante e significado; a segunda cumpre uma função sintática, o liame dos significantes. Por estar colada à exigência de propiciar resposta à demanda advinda do que figura como "realidade", a forma empírica atribui ao homem/sujeito o estatuto de produtor-distribuidor das significações no bojo da "realidade" assim concebida. A ideologia especulativa, por sua vez, realça a conexão dos significantes, ou seja, mira a própria mensagem com que se expressa. Daí resultam dois efeitos persistentes: o "efeito de linguagem" diz respeito à trama de relações que se estabelecem entre materiais significantes, quer dizer, a ênfase recai no enfoque da mensagem como *fait accompli*, como *opus operatum*, como estrutura estruturada, seguindo à risca a linha metodológica em que opera a hermenêutica estruturalista; o "efeito de sociedade" concerne à função de reconhecimento dos sujeitos entre si, fórmula arrevesada de dizer

[33] Ibidem.

que um discurso ideológico constitui uma estratégia de encobrimento das relações sociais objetivas.

Enfim, como era de se esperar, rejeita-se a problemática ligada à gênese dos materiais significantes, o que contradiz frontalmente a exigência de Bourdieu no sentido de averiguar as condições materiais e institucionais a determinar a conservação, a reprodução ou a transformação da matriz de significações. Para Herbert, a relação significante/significado deriva de uma propriedade da cadeia significante que produz, pelo jogo de uma necessária polissemia, os "pontos de amarra" pelos quais se fixa o significado. Tal postura remete ao plano interno da mensagem a questão das determinações exercidas pela realidade externa; o efeito de similaridade metafórica permite formular corretamente o estatuto da realidade externa perante o discurso e, de lambujem, no âmago do argumento explicativo, chega-se por tal mediação às *provas* da realidade embutidas no discurso.

O trajeto de Bourdieu é radicalmente distinto. A inteligibilidade das práticas, dos rituais, é condição necessária à compreensão do discurso mítico; o discurso enquanto *opus operatum* encobre por meio de significações reificadas o momento constitutivo da prática. Sendo o que são, a saber, produtos de práticas, os sistemas simbólicos

> só podem preencher suas funções práticas na medida em que envolvem [...] princípios que são não apenas coerentes – isto é, capazes de engendrar práticas intrinsecamente coerentes e ao mesmo tempo compatíveis com as condições objetivas –, mas também práticos, no sentido de cômodos, quer dizer, imediatamente passíveis de controle e de manipulação, pois obedecem a uma lógica pobre e econômica"[34].

Eis o que justifica a recusa de conceder aos sistemas simbólicos uma coerência e uma complexidade maiores do

---

34 P. Bourdieu, *Esquisse...*, p. 216.

que efetivamente possuem e que lhes permitem operar em sistemas historicamente instituídos. Como se sabe, a aplicação das técnicas e métodos da análise estrutural não leva em conta, em regra, as condições sociais de produção e de utilização dos textos e discursos que examina; tende a privilegiar os discursos e relatos altamente formalizados, em detrimento das modalidades diversas de acumulação e conservação do saber, dos modos de fatura dos bens simbólicos, da formação dos agentes produtores e reprodutores, das diferenças impostas pelos modos de transmissão. Em resumo, desdenha a série complexa de determinações sociais que não se fazem presentes na textura dos discursos e documentos com os quais lida o observador, e cujo descarte é responsável pela infinidade de erros de leitura e de deciframento das significações sociais aí estabilizadas e reificadas. Bourdieu procura, assim, reconectar o estudo dos sistemas simbólicos às suas bases sociais, ou melhor, às práticas com que os agentes afirmam seu código (matriz) comum de significações presentes nos objetos, nos instrumentos e nos agentes mítica e ritualmente qualificados. Tal código ordena-se em torno de número restrito de oposições, cujo princípio são "movimentos ou estados do corpo humano", lugar geométrico que move a *práxis* social *latu sensu* infundida pela tradição mítica ao submeter o universo inteiro nomeado pelo código a uma divisão lógica, "produto de um mesmo e único *principium divisionis*".

III

Em diversas passagens, o leitor já terá percebido a presença de Max Weber, cujos alvos, mormente o desígnio de esclarecer a organização interna dos domínios de realidade autonomizados na prática e nas categorias do processo de racionalização e burocratização conducentes à sociedade capitalista. Tais intentos foram acolhidos nos trabalhos de Bourdieu. Poder-se-ia entender seu xadrez teórico na chave de um tratamento sistemático inovador ao nexo tão insistentemente buscado por Weber, qual seja, a relação entre ideias e comportamento econômico. Com efeito, Weber perseguiu indagação quase obsessiva acerca do processo de constituição – com avanços e recuos – das categorias econômicas e jurídicas a expressar as transformações materiais e as mudanças na divisão social do trabalho, cujo resultado acabado é o sistema capitalista. A ideia de *ascese*, por exemplo, evidencia a expressão socialmente determinada do novo esquema de disposições em face da atividade econômica na empresa capitalista emergente.

E mesmo a noção *latu sensu* de Bourdieu a respeito do poder evoca a definição weberiana segundo a qual a violência e a força constituem a última *ratio* do sistema de dominação, o que não contraria a ênfase de ambos na dimensão do simbolismo a revestir qualquer dominação. Assim, deixam em banho maria a questão dos aparelhos repressivos em que se assenta qualquer regime de dominação em favor dos tipos de legitimidade que consolidam o enlace político entre dominantes e dominados por meio das instâncias de produção simbólica. O tema nevrálgico diz respeito, portanto, às relações entre sistemas simbólicos – por exemplo, as crenças religiosas, a indústria cultural – a hierarquia de classes e grupos de *status*, e a estrutura de poder daí resultante. Na ótica diacrônica, outro foco relevante incide sobre o processo de mudança e/ou inovação incitado pelos portadores das grandes religiões[1].

A teoria weberiana da religião entende o impulso ético de um sistema de dogmas em termos de resposta aos interesses materiais e ideais de determinados grupos sociais e, por extensão, como resposta aos pleitos materiais e simbólicos do corpo de agentes a frente do campo religioso. O alvo de Weber consiste em escrutinar o processo de difusão e mobilização em meio ao qual uma dada orientação religiosa converte-se em concepção do mundo dominante em toda uma sociedade.

Segundo Bendix, a imagem da sociedade prevalecente em Weber consiste de "um compósito de grupos de *status* cuja divergência parcial de ideias e interesses constitui uma resposta direta a situações de *status* divergentes e cuja convergência parcial de ideias e interesses remonta a conflitos passados cujas razões provocam eventual desfecho

---

[1] Em sua exposição do processo de emergência da racionalidade legal, Bendix privilegia os grandes tipos de procedimentos legais e os grupos sociais e instituições que se colocaram à testa deste processo. Ver Reinhard Bendix, *Max Weber: An Intellectual Portrait*, London: Methuen, 1966, p. 391s.

em moldes de um padrão de dominação e sujeição"[2]. A despeito do atropelo de Bendix no tocante à estratificação social à la Weber, tal leitura se assemelha ao sentido da interpretação de Bourdieu[3]. Por força do primado conferido à análise do campo simbólico, busca-se deslindar os liames entre os grupos de *status* (Weber os enxerga como portadores do repertório de convenções que mobiliam um dado estilo de vida) e os sistemas simbólicos de que são portadores. Logo, a cultura adquire feição em consequência da hegemonia de um grupo e dos conflitos entre as forças mestras no curso do desenvolvimento histórico. Emerge daí uma concepção de sociedade cuja tônica incide na dimensão política. E Bourdieu enfatiza ao extremo a sociedade à imagem de um campo de batalha a operar com lastro na força e no sentido, ou melhor, no realce à força do sentido. Em paralelo às lutas desferidas no plano material – segundo Weber, no espaço do *mercado* cujos critérios decisivos são a propriedade, a valorização do trabalho e a monopólio das oportunidades de negócios lucrativos –, o embate entre os diversos grupos sociais se transmuta em conflito entre valores últimos, os quais se evidenciam por meio de um estilo de vida baseado na prerrogativa do prestígio e no mando exercido no bojo de instituições atuantes na divisão do trabalho de dominação. Em vez de elaborar uma teoria culturalista da sociedade, pretende-se restituir o processo histórico de lutas entre classes e grupos, contenda em torno da imposição de uma "cultura" particular, ou então, no vocabulário de Bourdieu, a matriz das significações dominantes a engendrar um arbitrário cultural, o qual mascara o viés de tais significações e a tirania da dominação. No arremate, a imposição de uma cultura de classe costuma

---

2   Ibidem, p. 259.
3   Ver Condição de Classe e Posição de Classe, *A Economia das Trocas Simbólicas*, São Paulo: Perspectiva, 2011, p. 3.

propiciar, em medida variável, a emergência e a manifestação de sistemas simbólicos a serviço da expressão política e simbólica dos grupos dominados, contanto que não ameacem o sistema prevalecente de dominação.

Mas o privilégio de um campo simbólico visto como um conjunto de aparelhos mais ou menos institucionalizados de produção de bens culturais tem que levar em conta os corpos de agentes altamente especializados na produção e difusão desses bens. Ou seja, o grau de autonomia relativa de que desfruta uma dada instância simbólica deriva, em ampla medida, de seu peso e eficácia no trabalho de dominação, bem como das injunções suscitadas pela existência de agentes treinados e ordenados em hierarquia *sui generis*, respaldo de suas disposições, práticas e discursos.

O rechaço à concepção do carisma como "um dom que o objeto ou a pessoa possuem por natureza" – segundo Bourdieu, o ponto frágil da teoria weberiana da religião[4] – sucedeu em paralelo à ênfase conferida ao aparato institucionalizado em que se assenta a produção simbólica. Cabe, então, delinear um dado campo simbólico – por exemplo, o campo religioso[5] – na acepção do conflito típico ideal entre os agentes incumbidos de produzir, veicular e consumir uma certa espécie de bens. Na senda do modelo weberiano, o confronto envolve o corpo de sacerdotes, os leigos, o profeta, os pequenos empresários da salvação (o mago, o feiticeiro). O estoque das significações infundidas ao ordenamento sistemático e arbitrário do mundo natural e social, se inscreve no aparato mais ou menos institucionalizado a que prestam serviço corpos de agentes profissionais, cuja produção

---

4   Bourdieu rejeita também a tendência de encarar as relações de sentido entre as classes e/ou grupos como se fossem relações intersubjetivas.
5   Num texto anterior, aplicamos este mesmo modelo na descrição e explicação da indústria cultural. Ver Sergio Miceli, *A Noite da Madrinha*, São Paulo: Perspectiva, 1972, especialmente a Introdução do capítulo intitulado "O Campo Simbólico Dependente e a Conclusão".

de bens mais ou menos intangíveis destina-se a grupos ou classes com posições distintas na estrutura social.

Em paralelo à gênese de uma instância simbólica especializada na fatura de bens culturais, sucede o advento e a consolidação da unidade política que delega à figura de uma divindade o controle e a arbitragem das relações entre os grupos, escape de molde a dissimular a dominação vigente. Nas palavras de Weber, "toda união política permanente tem, em geral, um deus especial que garante o êxito da atividade política coletiva", sendo ademais "exclusivo em relação ao exterior"[6], cunhando a imagem do estrangeiro que passa a ser visto como antagônico, no plano político e no religioso. Mediante estratagemas de transfiguração, o panteão religioso reproduz a estrutura de poder prevalecente, propiciando a grupos dominados expressar vicariamente sua existência material e simbólica, precária e indigna, por meio de santos e divindades especiais. Não obstante, a hierarquia entre os deuses do panteão deriva sua unidade do monopólio da divindade adquirido pelos deuses da classe dominante. Qualquer que seja a instância regional – indústria cultural, sistema de ensino, campo religioso etc. –, o processo de simbolização cumpre a função essencial de legitimar e justificar a unidade do sistema de poder, suprindo o estoque de símbolos indispensável à sua expressão. No âmbito cultural, as significações engendram mensagens de todo tipo a delimitar o espaço arbitrário em que se movem os grupos e classes numa dada estrutura social.

Em sociedades dotadas de elevada coesão material e política e, por conseguinte, de expressiva concentração e unificação simbólica, o papel de encobrimento e dissimulação das relações de força cabe às instâncias internas ao campo cultural. Em tais casos, o corpo de sacerdotes

---

6 Max Weber, *Economía y Sociedad*, Ciudad de México: Fondo de Cultura Económica, 1964, v. I, p. 338.

profissionais pode vir a ocupar posição de relevo no sistema de poder, fazendo as vezes de escudo da ordem sagrada (claro, também de seus interesses); em sociedades como a nossa, a universidade prepara quadros de "funcionários da ideologia"[7] dispostos a produzir os discursos condizentes com os interesses dos grupos detentores do poder. Logo, a luta entre deuses é arremedo simbólico do conflito acerado entre grupos. E as lutas no interior do campo religioso – na Índia e no Egito, onde a classe sacerdotal detinha a primazia de imposição da matriz de significações –, remetem de pronto às pelejas políticas no âmbito da sociedade global. O que está em jogo no campo simbólico é, em última análise, o poder político: não obstante, as relações de força são em regra mediadas por sistemas simbólicos que lhes conferem fisionomia e opacidade, dando-lhes existência por meio de linguagens especiais a encobrir as condições objetivas e as bases materiais em que o poder se funda. Assim, o processo de "universalização" do Deus, vale dizer, a expansão do monoteísmo sucede em paralelo à consolidação de um domínio político unificado (o império chinês) e à emergência de um corpo de agentes especializados e aptos a administrar o culto em bases "burocráticas"[8]. Em meio aos óbices interpostos à expansão do monoteísmo, Weber nomeia os agentes estruturais a balizar sua teoria do campo religioso: 1. a presença de uma classe sacerdotal composta por funcionários profissionais capazes de exercer influência sobre os deuses, sem descurar de seus interesses materiais e ideais; 2. a presença dos leigos (os grupos sociais nos quais se recrutam os adeptos dos diversos cultos), cujo móvel de interesse religioso se orienta o mais das vezes a algum objeto palpável e próximo de sua situação material;

---

7 O termo é de Gramsci, tendo sido incorporado por Poulantzas e pela corrente althusseriana.
8 M. Weber, *Economía...*, p. 342.

3. a irrupção da "profecia" enquanto matriz potencial de representação de grupos, cujos interesses foram preteridos pela religião dominante institucionalizada; 4. a presença de pequenos empresários capazes de dispensar bens de salvação, dentre eles os magos dispostos a intervir junto aos deuses mediante a "coerção" ou por meio de manobras com os "demônios".

Os sacerdotes – e qualquer corpo de agentes especializados atuantes em instância simbólica institucionalizada – devem ser apreciados na qualidade de *funcionários* de uma "empresa" permanente e organizada em moldes "burocráticos", dotada de lugares e instalações especiais para o culto. Destinatários de uma formação adequada que lhes transmite um saber específico sob roupagem de alguma doutrina bem estabelecida, fonte de sua qualificação profissional. Tal "doutrina" é ao mesmo tempo um sistema intelectual, racional, e uma ética sistemática e coordenada, cuja difusão se completa por meio de um culto regular. Os sacerdotes ainda se submetem ao aprendizado das praxes referentes ao culto e dos dilemas práticos atinentes à cura das almas; dispõem de uma metafísica racional, modalidade elaborada e erudita em torno das indagações suscitadas pelos leigos a respeito do "sentido último da existência", e de uma ética sacra destinada a regular a vida cotidiana dos fiéis leigos.

Por sua vez, os profetas são produtores e portadores das "revelações" metafísicas ou ético-religiosas; veiculam "novos" discursos e práticas religiosas em oposição à doutrina estabelecida do corpo de sacerdotes. O profeta é o portador de uma novel visão do mundo que se firma aos olhos dos leigos como "revelação", como um mandato divino. Ou então, na fórmula de Bourdieu, o profeta é o portador de um "discurso de origem", o intermediário e o enunciador de mudanças sociais. "O poder do profeta tem por fundamento a força do grupo que ele mobiliza por sua aptidão a *simbolizar* na conduta exemplar e por meio de um discurso (quase) sistemático os interesses propriamente religiosos de leigos com lugar cativo na estrutura social."[9] A figura do profeta associa-se à gênese de uma ética religiosa em germe e de um instigante discurso cosmológico, em concorrência frontal com a religião dominante gerida pela Igreja do corpo de sacerdotes. Bourdieu ressalva, o profeta é menos a "contracultura" do que o protagonista do campo religioso que se arroga peitar o desafio, pela assunção, pela mobilização e pelo ordenamento sistemático dos pleitos e interesses de grupos sociais que contestam, por sua advocacia, a própria tradição dominante. Em vez de apelar ao carisma pessoal, à maneira de Weber, a força simbólica da profecia deriva em última instância do poder político que ostentam os grupos de quem se faz porta-voz. Em suma, a figura do profeta adquire feição e substância pela relação com os leigos e pelo embate com o sacerdócio que os leigos contestam por procuração. Assim, justifica-se o empenho de determinar em cada caso particular

> as características sociologicamente pertinentes de uma biografia singular que fazem com que um determinado indivíduo encontre-se *socialmente* predisposto a sentir e a exprimir com uma força e uma coerência particulares, disposições éticas ou políticas já presentes em estado implícito, em todos os membros da classe ou do grupo de seus destinatários[10].

Artífice e portador de uma contralegitimidade, o profeta dispensa uma salvação *gratuita*. Todavia, diversamente de Bourdieu, Weber reconhece o envolvimento dos profetas na "política social", mas enxerga tais iniciativas na acepção de

---

9   Ver Gênese e Estrutura do Campo Religioso e Uma Interpretação da Sociologia da Religião de Max Weber, *A Economia das Trocas Simbólicas*, São Paulo: Perspectiva, 2011.
10 Uma Interpretação da Sociologia da Religião em Max Weber, *A Economia das Trocas Simbólicas*, São Paulo: Perspectiva, 2011, p. 94.

meios para uma finalidade e reitera que o fundamento de tal poder deriva do carisma pessoal e não da delegação de interesses.

Em seguida, Weber aproxima os profetas dos mestres intelectuais de salvação (os "gurus" indianos), dos reformadores sociais, dos moralistas filósofos, dos publicistas políticos, em suma, de todos os portadores de contralegitimidades a contestar a validez da cultura e da tradição dominantes, de todos os portadores de contraideologias, de contrassabedorias etc. A rigor, o profeta é o epítome (típico ideal no léxico weberiano) do agente de inovação e mudança. Todavia, a revelação profética se escora numa "visão unitária da vida alcançada por meio de uma atitude consciente, de sentido unitário pleno": a vida e o mundo, bem como os acontecimentos sociais e cósmicos, como que adquirem certos sentidos no âmago dessa visão de mundo. O discurso profético abriga o desígnio de sistematizar e ordenar as manifestações da vida, de coordenar as ações humanas por meio de um estilo de vida.

O campo religioso é o espaço de luta envolvendo a trinca de protagonistas: os sacerdotes, os profetas e os leigos; os primeiros constituem agentes a serviço da sistematização e racionalização da ética religiosa endereçada ao grupo de leigos. O que os separa não é tanto a tarefa, mas a posição perante as relações de força vigentes; os sacerdotes como funcionários profissionais a serviço da empresa religiosa que administra e reproduz a matriz de significações impostas pela cultura da classe dominante; os profetas como portadores de um discurso e de uma prática "novos" e exemplares, dispostos a empalmar as demandas de grupos excluídos do poder. Por último, recrutados em grupos e classes de cuja situação material e simbólica derivam interesses, valores, disposições, os leigos constituem o fiel da balança no interior do campo religioso. O desfecho das lutas entre os grupos de leigos, o sentido de suas relações com sacerdotes e profetas, o grau de autonomia desfrutado pela igreja dominante, eis alguns dos fatores a determinar as modalidades de mudança no campo religioso: a incorporação do sacerdócio pela profecia, a aniquilação do profeta etc. Nas palavras de Weber, "o caráter sagrado da nova revelação está contra o sagrado da tradição e, conforme o êxito das duas demandas, a classe sacerdotal celebra compromissos com a nova profecia, adota-a, supera-a, elimina-a ou é eliminada"[11]. Mesmo tendo de se confrontar ao tradicionalismo e ao intelectualismo leigos, o sacerdócio constitui a única força social capaz de entronizar a nova doutrina prevalecente, ou então, reelaborar a doutrina tradicional quando logra derrotar os ataques proféticos.

Sacerdotes e profetas estão perfilados em termos de um *continuum*: de um lado, a tradição, a regularidade, a continuidade, a legitimidade, a domesticação; de outro, a ruptura, a mudança, a crítica, a contralegitimidade. O profeta, a turma de auxiliares e o círculo de adeptos leigos, configuram os esteios em que se assenta a religião canônica emergente. O resultado dessa aliança vem a ser o que Weber denomina *congregação*, fruto das exigências cotidianas no intento de garantir a continuidade da "revelação". A congregação propicia existência econômica à profecia, ao lhe garantir suas bases materiais (dinheiro, serviços, alimentação) em troca das esperanças de salvação. Não obstante, cientes da precariedade desse arranjo contrário a seus interesses, os encarregados do culto se empenham em transladar a adesão pessoal ao recesso de uma congregação onde o ensino do profeta transmuta-se em tarefa de uma instituição permanente, de uma igreja. Nesse trâmite, os discípulos do profeta transformam-se paulatinamente em sacerdotes ou em curas de almas a exercer sua ação por meio da congregação dos leigos.

11   M. Weber, *Economía...*, p. 367.

Eis o âmago da atividade simbolizadora, a qual se evidencia sobremodo ao engendrar a classificação que separa o sagrado do não sagrado, impondo tal cisão à crença dos grupos leigos, seus destinatários. Ademais, cabe ao sacerdócio produzir os instrumentos e os meios adequados à transmissão e à inculcação da doutrina: manuais, livros canônicos, dogmas etc. A produção de tais ferramentas se amplia nas situações de crise enfrentadas pelo campo religioso, quando se torna indispensável arrostar as doutrinas concorrentes pela reiteração do sentido associado à tradição dominante.

No atacado, a posição weberiana se assemelha à tradição materialista ao enfatizar na religião – ou em qualquer outra instância ou sistema simbólico – suas funções extrarreligiosas, isto é, econômicas e políticas. Nesse sentido, os exemplos weberianos procuram mostrar a religião como garantia e proteção, justificação e legitimação de interesses econômicos e sociais: proteção de bens materiais, proteção da propriedade, proteção das barreiras sociais etc. A religião serve interesses extra religiosos ao instaurar um sistema de símbolos ordenados em torno de uma ética. De fato, a religião consiste num sistema de regras e normas, de um *habitus* que orienta as condutas e os pensamentos dos leigos consoante a doutrina a respaldar a ordem prevalecente em dada sociedade. A eficácia da doutrina acerca da ordem do mundo se viabiliza ao subtrair do plano das relações sociais objetivas o arbítrio e o controle dessa ordem, a qual se transfigura como produto de uma vontade divina e inacessível.

Ora, a contribuição original de Weber pode ser melhor aquilatada pelo empenho em demonstrar os fundamentos sociais das atividades de simbolização. Procura aliar a indagação a respeito do papel econômico e político (o último, em especial) da religião ao escrutínio dos protagonistas centrais dos sistemas simbólicos, entendidos como aparelhos institucionalizados de produção. Nesse passo, a teoria weberiana da religião faz as vezes de paradigma sociológico da composição social inerente a qualquer sistema simbólico. Tal achado relega a segundo plano a teoria sociológica na raiz da análise histórico-comparativa. Weber maneja os instrumentos e o léxico conceitual que ele mesmo "canonizou" pela mediação da postura historicista: os tipos ideais, a noção de carisma, o conceito de estamento. O acerto decisivo se prende ao lance de identificar os protagonistas sociais que se defrontam no campo de batalha religioso. A caracterização de tais agentes permite, pois, referir a produção de bens simbólicos às demandas por parte das classes e estamentos, sujeitos de quaisquer significações.

Weber arremata com brio ao sustentar que a eficácia de uma doutrina ou discurso simbólico reside no trâmite de transfiguração da ordem social ao erigir uma suprarrealidade a cimentar pelo simulacro o sistema de relações sociais objetivas.

Segundo Weber, o discurso do agente religioso, sacerdote ou profeta, não constitui paliativo da realidade social. Sem os símbolos, materiais significantes veiculados pela doutrina como significações não arbitrárias, não pode haver expressão da esfera econômica, tampouco da estrutura de poder. Os discursos, os ritos e as doutrinas constituem modalidades simbólicas de transfiguração da realidade social; ordenam, classificam, sistematizam e representam o mundo natural e social em bases objetivas e nem por isso menos arbitrárias. A reelaboração simbólica empreendida pelo discurso é parte por inteiro da realidade social, a qual, por sua vez, é também constituída e moldada pela atividade de simbolização. Na contramão de correntes contemporâneas sideradas pela análise interna dos sistemas de signos, o argumento weberiano se revela bastante consistente quando consegue aliar a análise de funções externas (econômicas e políticas) ao sentido dos bens simbólicos, cuja inteligibilidade se mostra indissociável do aporte de fatores sociais, por exemplo, as injunções derivadas da organização de determinada instância de produção simbólica. Afinal, não basta refinar o modelo canônico ao remeter de pronto os símbolos aos interesses materiais e ideais das classes e grupos; como passo preliminar, cumpre investigar os processos de produção simbólica para o qual concorrem, de modo incontornável, os agentes produtores das instituições e instâncias do campo simbólico.

Desse ângulo, o símbolo serve tanto para exprimir certas demandas por significados, como também – o que não é de modo algum menos relevante – constitui tal expressão na medida em que lhes oferece os materiais significantes com que se veiculam as significações visadas pelos interesses e reclamos dos diversos grupos sociais.

Este livro foi impresso na cidade de Cotia,
nas oficinas da Meta Brasil,
para a Editora Perspectiva.